Koch-Spar-Buch

Über 100 einfache Rezepte unter 2 €
für preiswerten Genuss

Text: Katarina Schickling
Fotos: Michael Brauner

Hinweis zu den Preisen
Die Preisangaben bei den Rezepten basieren auf der jeweils günstigsten Einkaufsquelle. Berechnet wurden sie anteilig – d. h. mit 1 Esslöffel Olivenöl und nicht mit der ganzen Flasche.

Küchenhelfer für Hochstapler

1. Pürierstab

Unentbehrlich für jeden, der mit wenig Aufwand viel Eindruck schinden will! Damit zaubern Sie blitzschnell feine Suppen, Saucen und Pürees. Achten Sie beim Kauf darauf, dass sich das Püriermesser vom Motor trennen und gut reinigen lässt – und investieren Sie lieber ein paar Euro mehr für eine höhere Wattzahl, das spart später Zeit und Mühe.

2. Küchenwaage

Legen Sie sich ein Modell zu, bei dem Sie mit jeder beliebigen Schüssel arbeiten und das Gewicht immer wieder auf null stellen können (elektronische Küchenwaagen sind noch bequemer, aber leider auch teurer). Dann müssen Sie nie mehr im Kopf ausrechnen, wie viel jetzt noch mal 490 g Mehl plus 280 g Zucker sind.

3. Backpapier

Eine geniale Erfindung für alle, die kein Küchenpersonal haben, das die Putzarbeit macht. Tipp für ganz große Zeitsparer: Nicht nur Bleche, sondern auch viereckige Ofenformen mit passend gefaltetem Papier auslegen – spart Zeit, Wasser und Kraft beim Schrubben. Greifen Sie ruhig zum billigsten Produkt, das erfüllt seinen Zweck genauso gut.

4. Salathelfer

Fertig gewaschener und geschnittener Salat ist nicht nur teuer, sondern auch oft nicht mehr ganz taufrisch. Mit einer Salatschleuder bereiten Sie Salatköpfe fast genauso schnell und unkompliziert zu. Leckere Salatsaucen gelingen am besten und saubersten mit einem Schüttelbecher – ein dicht schließendes Marmeladenglas tut's aber auch!

5. Dekohelfer

Ein Eiskugelportionierer aus Metall oder Kunststoff ist nicht nur nützlich, um Desserts schön anzurichten, sondern auch um Reis zu formen oder Pürees schön aussehen zu lassen. Für Desserts, die gestürzt werden, gibt es Silikonförmchen, die sich einfach abziehen lassen. Billiger und fast ebenso gut: Förmchen vor dem Füllen mit Frischhaltefolie auskleiden.

6. Schneebesen

Die Grundausstattung: ein großer Schneebesen mit runden Drähten für das Rühren in runden Schüsseln und ein mittelgroßer, eckiger für das klümpchenfreie Rühren in Töpfen (weil er eben auch in die Ecken kommt!). Ein sehr kleiner Schneebesen leistet gute Dienste, wenn Sie Mayonnaise selbst machen wollen (siehe Seite 63 und 89).

7. Knoblauchpresse

Hier sind die Qualitätsunterschiede groß. Wichtig ist, dass Sie die Knoblauchpresse einfach auseinander nehmen und in der Maschine spülen können. Ein Muss für alle, die gerne mit Knoblauch kochen: eine Gummirolle zum Knoblauchschälen – funktioniert ganz einfach und nimmt nicht viel Platz weg.

8. Kochlöffel

Unverzichtbar: ein runder Kochlöffel für Suppen und Saucen und ein flacher mit gerader Kante zum Wenden von Kartoffelpuffern, Fleisch usw. Holz ist praktischer als Kunststoff, weil Sie Holzlöffel beim Kochen einfach im Topf lassen können – ohne Ihre Suppe mit geschmolzenem Plastik zu würzen oder sich die Finger zu verbrennen.

9. Vorratsbehälter

Alles, was übrig bleibt, lässt sich irgendwie weiterverwerten. Deshalb brauchen Sie einen Satz Vorratsdosen aus Kunststoff, am besten in verschiedenen Größen. Achten Sie unbedingt darauf, dass die Deckel gut und dicht schließen und dass die Dosen auch für Tiefkühltemperaturen geeignet sind.

1
2
3
4
5
6
7
8
9
Silit

Woran Sie nicht sparen sollten

1. Messer

Gute Messer kosten Geld – aber sie sparen Zeit und Nerven. Für Zwiebeln und Gemüse eignet sich ein Messer mit glatter, kurzer Schneide am besten. Außerdem brauchen Sie ein Messer mit fein gezackter Schneide, sonst verzweifeln Sie an Paprika und Tomaten. Ganz wichtig: ein gutes Fleischmesser, das wirklich nur Fleisch schneiden darf, denn sonst wird es schnell stumpf! Wenn Sie Platz in der Küche haben, lohnt der Kauf eines Messerblocks mit Wetzstahl: Ihre Messer sind dann stets einsatzbereit.

2. Küchenmaschine

Sie brauchen keinen großen Maschinenpark! Kaufen Sie lieber eine hochwertige Küchenmaschine, die möglichst viel kann, statt vieler Einzelgeräte, die kostbaren Stauraum rauben. Besonders wichtig: Nichts anschaffen, dessen Reinigung länger dauert als das Kochen, weil es nicht in die Spülmaschine darf. Lassen Sie sich schon im Laden zeigen, wie man die Geräte auseinander und zusammenbaut – besser noch: Probieren Sie es selbst. Sie wollen schließlich als Küchenmeister glänzen und nicht als Ingenieur.

3. Tiefkühlgeräte

Einmal in eine Kühltruhe oder einen Kühlschrank mit separatem Tiefkühlabteil investieren spart viel Geld: Sie können auf Vorrat kochen, Reste einfrieren und Großpackungen und Sonderangebote nutzen. TK-Gemüse ist in Großpackungen deutlich billiger und lässt sich nach Bedarf entnehmen. Achten Sie beim Kauf auf niedrigen Stromverbrauch, das macht sich schnell bezahlt. Außerdem unbedingt Buch über den Inhalt führen! Umständliches Suchen nach Zutaten bei geöffneter Kühlfachtür kostet unnötige Energie und Zeit.

4. Töpfe

Töpfe gibt es nicht nur in allen Größen, sondern auch in allen Preisklassen. Auf jeden Fall wichtig: Ihre Töpfe sollten dicke, ebene Böden haben – dadurch verteilt sich die Wärme besser, die gesamte Energie der Herdplatte wird genutzt, und Ihre Speisen brennen weniger leicht an. Die Griffe sollten robust und handlich sein. Ideal für energiesparendes und wasserarmes Garen sind Töpfe mit gut schließendem Steckdeckel. Tipp: Für Nickelallergiker sind Töpfe aus Stahlkeramik (Silargan) bestens geeignet.

5. Pfannen

Hier gilt: Greifen Sie zu einem höherwertigen (und teureren) Modell und behandeln Sie es gut! Gemüse, Fisch und Eierspeisen gelingen am besten in der beschichteten Pfanne. Damit Sie möglichst lange etwas von ihr haben: Auf keinen Fall mit Metall in der Pfanne rühren, sonst zerkratzt die Beschichtung. Nach dem Braten am besten nur mit Küchenpapier auswischen und dann einfetten. Für Steaks & Co. eignen sich für hohe Temperaturen taugliche unbeschichtete Pfannen aus robuster Stahlkeramik (Silargan) oder Edelstahl am besten.

6. Gewürze

Mit einer Grundausstattung hochwertiger Gewürze können Sie die einfachsten Gerichte raffiniert verfeinern. Pfeffer und Muskat schmecken frisch gemahlen bzw. gerieben viel aromatischer. Exotische Gewürzmischungen aus dem Asienladen lassen vergessen, dass Sie ein preiswertes Gericht gezaubert haben: Currypasten, thailändische Fischsauce oder süße Chilisauce verleihen Ihren Gerichten fernöstliches Flair, Koriander und Kreuzkümmel sorgen für orientalische Geschmackserlebnisse, Kurkuma färbt Speisen schön gelb.

1

2

3

4

5

6

1. Fleischbrühe & Co.

Natürlich schmeckt eine selbst gekochte Rinderbouillon toll. Aber: Brühwürfel und gekörnte Brühe sind schnelle und preiswerte Alternativen. 1 Schuss Wein, ein paar frische Kräuter, ein exotisches Gewürz zusätzlich – schon ist die Fertigsuppe ein würziges Geschmackserlebnis. Wenn Sie gerne asiatisch essen, sollten Sie sich indische Würzpasten aus dem Asienladen zulegen. Joghurt untergerührt und schon zaubern Sie ganz einfach authentische Tandoori-Spezialitäten (siehe Seite 115).

2. Kraut aller Art

Rot- und Sauerkraut aus der Dose sind schnell zubereitet und lassen sich ganz einfach aufpeppen: mit gebratenen Speckwürfeln, 1 gewürfelten Apfel oder 1 gehackten, kurz angebratenen Zwiebel. Dazu 1 Schuss Rot- oder Weißwein, und das Kraut schmeckt wie das Resultat liebevoller Handarbeit! Noch einfacher: Sauerkraut mit Ananasstücken aus der Dose vermischen – schmeckt sehr fruchtig und exotisch! Kaufen Sie möglichst große Dosen und bereiten Sie das Kraut auf Vorrat zu – was übrig bleibt, lässt sich problemlos einfrieren.

3. Kartoffelprodukte

Finger weg von Knödeln im Kochbeutel – da erkennt man schon an der Form, dass Sie geschummelt haben. »Halb und Halb«-Knödel-Pulver hingegen lässt sich einfach zubereiten und verfeinern: z. B. mit getrocknetem Majoran im Knödelteig, mit 1 Weißbrotwürfel, 1 Backpflaume oder 1 Walnuss in der Mitte. Mit 1 TL Schmalz wird der Teig besonders geschmeidig. Kartoffelpüreepulver eignet sich als kalorienarmer Saucenbinder. Püree aus frischen Kartoffeln hingegen ist auch schnell gemacht – und schmeckt viel besser.

4. Teig

Pizza, Quiche & Co. machen immer viel her und gehen schnell, wenn Sie den Teig fertig kaufen. Mit TK-Blätter- oder Pizzateig sind Sie jederzeit für überraschenden Besuch gewappnet. Mit Strudelteig aus dem Kühlregal und frischem Gemüse zaubern Sie geschwind ein raffiniertes Gericht: Gemüse (nach Belieben) würfeln und kurz in Butter braten. Strudelteig in quadratische Stücke teilen, Gemüse darauf legen und den Teig zu kleinen Taschen falten. In der Pfanne von beiden Seiten knusprig braten (siehe Seite 51).

5. Tomaten

Machen Sie sich bloß nicht die Mühe, Tomaten selbst zu häuten. Gerade bei wässriger Treibhausware lohnt sich der Aufwand nicht. Zeitsparender und vor allem geschmacksintensiver: geschälte Tomaten aus der Dose, die vollreif geerntet und verarbeitet wurden. Besonders praktisch: so genannte Pizzatomaten oder stückige Tomaten aus Dose oder Tetrapack – die sind nicht nur geschält, sondern auch schon fertig gewürfelt. Mit passierten Tomaten haben Sie die richtige Basis für schnelle, günstige Suppen.

6. Fertigsaucen

... werden zahlreich in den Regalen der Supermärkte angeboten. Klar, der Geschmacksunterschied zwischen einer Sauce hollandaise aus dem Tetrapack oder Kühlregal und einer selbst gemachten ist erheblich! Aber zum Überbacken tut es die Fertigsauce aus dem Supermarkt auch: Einfach ein paar frische Kräuter untermischen (z. B. Kerbel oder Estragon), über blanchiertes Gemüse (z. B. Brokkoli, Blumenkohl, Fenchel) gießen und für ca. 20 Min. in den heißen Backofen – kostet wenig, macht Eindruck und schmeckt gut!

1
2
3
4
5
POMODORI PELATI
6
Hollandaise
Hollandaise

1. Angebrannt

Lassen Sie kaltes Wasser ins Spülbecken laufen und stellen Sie den Topf in das kalte Wasserbad – das unterbricht den Garvorgang. Dann vorsichtig den nicht verbrannten Teil des Essens aus dem Topf holen und umfüllen. Gegebenenfalls etwas Flüssigkeit nachfüllen – je nach Gericht Wein, Sahne, passierte Tomaten oder einfach nur Wasser.

2. Geronnen

Wenn Mayonnaise oder Sauce hollandaise klumpen und gerinnen, müssen Sie schnell sein! Bei Mayonnaise heißes, bei der Hollandaise kaltes Wasser teelöffelweise unterrühren, dabei weiterschlagen. Falls Sie noch 1 Ei im Vorrat haben: 1 Eigelb in eine Schüssel geben und das Geronnene sehr langsam Löffel für Löffel unterrühren.

3. Klebende Nudeln

... möglichst schnell mit der Sauce vermischen. Oder die Nudeln mit kaltem Wasser übergießen und dann mit 2 EL Olivenöl vermischen, dabei die Nudeln vorsichtig auseinander ziehen. Trick für die Zukunft: Schöpfen Sie vor dem Abgießen etwas Kochwasser ab und geben Sie dieses zu den gegarten Nudeln in die Schüssel.

4. Klumpige Sauce

Die einfachste Lösung: Streichen Sie die Sauce durch ein feines Sieb. Ganz ohne Klumpen binden Sie ihre Saucen, wenn Sie eine rohe, geriebene Kartoffel ca. 5 Min. mitkochen. Durchsieben, fertig! Besonders Sparsame waschen die Kartoffeln vor dem Schälen gründlich und nutzen dann die Schalen zum Saucenbinden.

5. Flüssige Mousse

Ein Problem, das meist erst dann deutlich wird, wenn die Gäste bereits vor der Tür stehen. Haben Sie Obst im Haus? Dann gibt es zum Dessert Fruchtcocktail (notfalls Dosenobst) mit besonders feiner Sauce. Äpfel oder Birnen werden geschält und fächerartig angerichtet, Beeren gewaschen und leicht gezuckert.

6. Verkocht

Verkochtes Gemüse lässt sich prima zu Püree verarbeiten: Kochwasser abgießen, das Gemüse mit dem Pürierstab fein pürieren und langsam etwas Sahne dazugießen, bis die gewünschte Konsistenz erreicht ist. Noch raffinierter: Die Sahne vorher steif schlagen und dann unterheben. Ein paar Tropfen Zitronensaft nehmen den verkochten Geschmack.

7. Versalzen

Da hilft nur strecken, z. B. mit mehr Sahne, Crème fraîche oder Fond aus dem Glas. Wird Ihre Suppe oder Sauce dadurch zu wässrig, helfen, je nach Geschmacksrichtung, geschälte Tomaten oder fein pürierte weiße Bohnen aus der Dose, 1 gekochte und zerstampfte Kartoffel oder pürierter Dosentunfisch.

8. Welk

Ob Radieschen, Rettich, Gurken oder Salat: Etwas Eiswasser wirkt Wunder bei welkem Gemüse! Geben Sie das welke Gemüse in eine Schüssel mit Wasser und vielen Eiswürfeln, rühren Sie 1 TL Salz und evtl. 1 TL Essig (keinen Aceto Balsamico!) ein und stellen Sie die Schüssel für 1–2 Std. in den Kühlschrank.

9. Schokolade retten

Wenn beim Wasserbad Wasser in die schmelzende Schokolade gelangt, ist sie nicht mehr fett genug und wird darum bröckelig. Dagegen hilft Pflanzenfett oder neutrales Pflanzenöl (z. B. Distelöl). Teelöffelweise vorsichtig im Wasserbad unterrühren, bis die Schokolade wieder geschmeidig ist.

1
2
3
4
5
6
7
8
9

1. Kohlköpfe

Rosenkohl schmeckt fein – aber macht viel Arbeit und noch mehr Abfall. Chinakohl und Wirsing sind genauso lecker und nährstoffreich, viel schneller zubereitet, und Sie haben bei gleichem Gewicht mehr Kohl fürs Geld. Nutzen Sie Sonderangebote! Was Sie nicht sofort verwenden, lässt sich portionsweise einfrieren: vorher zerteilen und blanchieren.

2. Kürbisse & Wurzeln

... sind unverzichtbar in der Low-Budget-Küche. Sellerie oder Petersilienwurzeln sind preiswert, nährstoffreich und die perfekte Grundlage für edle Suppen und Pürees. Kaufen Sie keine kleinen Kürbisse, sondern lieber Scheiben von einem großen Kürbis – so sparen Sie eine Menge Zeit beim Putzen und Zerlegen.

3. Spinat und Mangold

Frischer Spinat schmeckt toll – ihn zu waschen, putzen und verlesen dauert allerdings eine ganze Weile. Eine gute Alternative ist TK-Blattspinat, besonders für Nudelgerichte. Mangold schmeckt würziger als Spinat, ist im Winter oft sehr preisgünstig und noch dazu blitzschnell geputzt und verarbeitet.

4. Kartoffeln

Wenn Sie die Kartoffeln vor dem Kochen schälen und zerkleinern, kaufen Sie möglichst große Kartoffeln. Wenige große Exemplare sind schneller geschält als viele kleine. Pellkartoffeln dagegen lieber eine Nummer kleiner kaufen – sonst kochen sie ewig, verbrauchen viel Energie und sind am Ende außen zu weich und innen immer noch hart.

5. Hülsenfrüchte

Erbsen und grüne Bohnen frisch zuzubereiten ist aufwändig. Auch hier ist TK-Ware eine gute Alternative – sie schmeckt besser, enthält mehr Vitamine und sieht schöner aus als Dosenware. Dicke Weiße Bohnen aus der Dose sind ein guter Notvorrat bei Überraschungsbesuch. Rote Linsen sind etwas teurer als Tellerlinsen, dafür aber auch viel schneller gar.

6. Kräuter

Getrockneter Thymian, Majoran und Rosmarin sind gerade in der Low-Budget-Küche Pflicht. Im Sommer sollten Sie an frischen Kräutern nicht sparen. Am besten, Sie ziehen Ihre Lieblingskräuter selbst – auf dem Balkon oder Fensterbrett. Was Sie nicht sofort verwenden, wird fein gehackt und in einem Plastikbeutel eingefroren.

7. Pilze

Wenn Sie die Wahl zwischen Champignons und Egerlingen habe, nehmen Sie Letztere. Der Geschmack ist praktisch gleich, aber die braunen Hüte sehen einfach netter aus. Austernpilze sind ausgesprochen preiswert und ergeben in Streifen geschnitten und gebraten eine schnelle, raffinierte Beilage, Vorspeise oder ein feines Topping für grünen Salat.

8. Fisch

Tunfischdosen gehören zur Grundausstattung. Nehmen Sie naturell eingelegten Tunfisch – das Dosenöl schmeckt meist nicht. Frischer Fisch ist teuer, TK-Fischfilets lassen sich aufgetaut und mit etwas Zitronensaft beträufelt ebenso schmackhaft zubereiten. Lachssteaks sind viel billiger als Lachsfilets, aber genauso lecker – ob gebraten oder in der Nudelsauce.

9. Kokosmilch

Aus Dose oder Tetrapack ein guter Ersatz für Sahne – der Geheimtipp, um Gemüsepfannen oder Suppen exotisch aufzuwerten. Im Asienladen ist Kokosmilch oft günstiger als im Feinkostregal des Supermarkts. Geöffnet hält sie sich im Kühlschrank 2–3 Wochen. Ersatzweise Kokosflocken in Wasser einmal aufkochen lassen und durchsieben.

1
2
3
4
5
6
13
9
KOKOS
MILCH
7
8

6 schnelle Beilagen unter 30 Cent

1. Polenta

Eine nahrhafte Spezialität aus der Küche Norditaliens. Für 2 Personen 100 g feinen Maisgries mit einem Schneebesen in 700 ml kochendes Wasser einrühren. Schnell rühren, sonst bilden sich Klumpen! Nach Packungsanweisung kochen lassen. Anschließend 4 EL zerlassene Butter oder Olivenöl unterrühren, salzen und pfeffern. Besonders fein schmeckt die Polenta, wenn Sie 1 durchgepresste Knoblauchzehe mit dem Wasser mitkochen. Oder Sie rühren 50 g geriebenen Käse (z. B. Fontina oder Greyerzer) unter die fertige Polenta.

2. Zitronenkartoffeln

Diese sommerliche Variante des klassischen Kartoffelpürees schmeckt besonders gut zu Fischgerichten. Pro Person 2 Kartoffeln weich kochen, pellen und mit einer Gabel zerquetschen. 1 EL Olivenöl und den Saft von 1/2 Zitrone untermischen. Salzen und pfeffern. Je nach Geschmack können Sie das Püree noch mit Knoblauch oder Kräutern verfeinern. Besonders raffiniert: Frischen Salbei in feine Streifen schneiden, kurz in heißem Olivenöl anbraten und unter das Püree mischen.

3. Couscous

Couscous ist grobkörniger Weizengrieß, der vor allem in der nordafrikanischen Küche verwendet wird. Für 4 Personen 250 g Couscous mit 300 ml heißem Wasser übergießen, 10–15 Min. ziehen lassen, dann 1 EL flüssige Butter untermischen. Couscous schmeckt kalt als Salat: Einfach mit Gurken- und Tomatenwürfeln mischen und mit Olivenöl und frischer Minze würzen. Warm passt Couscous gut zu allen Fleischgerichten mit Sauce. Dafür Karotten oder Zucchini in Würfel schneiden, in etwas Butter weich dünsten, untermischen.

4. Reis aus 1001er Nacht

Für 2 Personen 150 g Reis nach Packungsanweisung zubereiten. 1 Zwiebel schälen, in feine Würfel schneiden und in etwas Butter braten, bis sie beginnt, braun zu werden. 50 g gehackte Mandeln und 1 EL Rosinen dazugeben. Beides kurz mitbraten, dann die Mischung unter den gegarten Reis rühren. Den Reis mit Koriander- und etwas Kurkumapulver würzen und abschmecken. Dieser süßlich-exotische Reis schmeckt besonders gut als Beilage zu Geflügel- und auch vielen Fischgerichten.

5. Kichererbsenpüree

Die Hülsenfrüchte mit dem lustigen Namen sind nicht nur preiswert, sondern auch enorm nahrhaft. Für 2 Personen 200 g Kichererbsen über Nacht einweichen. In 700 ml Wasser in 1 Std. weich kochen. 1 Zwiebel fein würfeln und mit 1 durchgepressten Knoblauchzehe in 2 EL Olivenöl kurz anbraten. Kichererbsen und noch 3 EL Olivenöl dazugeben. Alles fein pürieren. Falls das Püree zu fest wird, evtl. etwas warmes Wasser dazugießen. Mit Salz, Pfeffer und Korianderpulver oder 1 Prise frisch geriebener Muskatnuss abschmecken.

6. Nudelflecken

Selbst gemachte Nudeln machen etwas Arbeit – aber der Geschmack entschädigt Sie für die Mühe! Für 2 Personen 2 Eier, 100 g Mehl, 100 g Hartweizengrieß und etwas Salz gründlich verkneten, bis ein geschmeidiger Teig entsteht. Den Teig mit dem Nudelholz oder – noch besser – mit der Nudelmaschine dünn ausrollen. Die Teigplatten in breite Vierecke schneiden. In reichlich kochendem Salzwasser 2 Min. garen. In ein Sieb abgießen, gut abtropfen lassen und sofort mit 20 g zerlassener Butter mischen. Fein zu allen Fleischgerichten.

1
2
COUSCOUS
MALIKA
3
4
5
6

Was Schnelles für wenig Geld

Clever wirtschaften

Augen auf beim Einkauf! Nutzen Sie Sonderangebote, vergleichen Sie Preise und achten Sie auf saisonale Angebote. So werden Sie zu einem erfolgreichen Schnäppchenjäger. Wenn Sie ökonomisch einkaufen, sparen Sie außerdem nicht nur Geld, sondern auch viel Zeit. Ihr wichtigster Helfer dabei: ein Einkaufszettel mit System!

Einkaufszettel schreiben

Gehen Sie niemals planlos und vor allem hungrig los – Sie werden zahllose Dinge in Ihren Einkaufswagen laden, die Sie gar nicht brauchen. Der ideale Einkaufszettel ist so gegliedert, dass die Zutaten darauf in der Reihenfolge auftauchen, wie Sie in Ihrem Stammsupermarkt stehen – also z. B. zuerst Obst und Gemüse, dann Getreideprodukte, dann die Waren von der Fleischtheke usw. Das erspart Ihnen unnötige Wege und damit Zeit. Machen Sie sich schon zu Hause Gedanken über einen konkreten Speiseplan, so kaufen Sie nur die Zutaten, die Sie auch tatsächlich benötigen.

Clevere Einkaufstour

Ist der Einkaufszettel geschrieben, geht's auf Schnäppchenjagd. Damit die erfolgreich verläuft, beginnen Sie Ihre Einkaufstour auf jeden Fall immer da, wo man per se am günstigsten einkaufen kann, also in den großen Discountern. Machen Sie nur für die Produkte, die Sie hier nicht bekommen, einen Abstecher in den »normalen« Supermarkt.

Preise vergleichen

Heben Sie Kassenzettel von verschiedenen Supermärkten und Discountern auf, vergleichen Sie stets die Preise und legen Sie sich eine Einkaufsliste an, auf der Sie dann bequem nachsehen können, welches Produkt wo am günstigsten zu haben ist. Denn: Nicht jeder Discounter hat für jedes Produkt die besten Angebote und Preise. Kaufen Sie also ganz gezielt ein – Sie investieren im Vorfeld Zeit, doch sparen letztendlich bares Geld.

Sonderangebote nutzen

In diesem Buch finden Sie bei vielen Rezepten Alternativzutaten. So können Sie aktuelle Sonderangebote nutzen. Generell gilt: Grün ist günstiger! Mit Gemüse fördern Sie Ihre Gesundheit – und schonen dabei Ihr Budget. Darum lieber seltener, dafür aber hochwertiges Fleisch kaufen. Greifen Sie zu, wenn teurere Stücke im Angebot sind, und frieren Sie sie auf Vorrat ein. Achten Sie außerdem auf die wöchentlichen Angebote Ihres Metzgers, und stimmen Sie Ihren Speiseplan gezielt darauf ab. Es müssen ja nicht immer Filetspitzen sein: Mit den Rezeptideen in diesem Buch lassen sich auch aus preiswertem Fleisch tolle Gerichte zubereiten – probieren Sie's aus!

Kurz vor Schluss

In vielen Supermärkten werden Produkte wie Joghurt und Käse, deren Mindesthaltbarkeitsdatum in Kürze abläuft, besonders günstig angeboten. Zwar sollten Sie sie bald verbrauchen, doch Ihr Geldbeutel freut sich enorm. Auch auf dem Wochenmarkt können Sie kurz vor Schluss günstig abräumen, da viele Händler ihre Ware dann zu Schleuderpreisen anbieten.

Einkaufen im Rhythmus der Jahreszeiten

Erdbeeren im Dezember und Spargel im Herbst? Möglich ist heute fast alles, aber zu einem hohen Preis. Orientieren Sie sich bei Ihrem Speiseplan lieber an dem, was gerade an heimischen Produkten frisch auf dem Markt ist. Wintergemüse wie etwa Steckrüben oder diverse Kohlsorten sind in der kalten Jahreszeit nicht nur viel billiger als klassische Sommergenüsse – sondern auch nährstoffreicher als Gewächshausware.

ganz einfach **Gemüsesuppe mit Nudeln**

(im Bild vorne)

Für 4 Personen:
100 g durchwachsener Räucherspeck
200 g Möhren | 300 g Zucchini
1 Fenchelknolle (ca. 300 g) | 1 EL Olivenöl
100 g kleine Nudeln (Kochzeit ca. 7 Min.)
Salz | Pfeffer

Pro Person: unter 1,50 €
Zubereitungszeit: ca. 20 Min.
Pro Portion: ca. 290 kcal

1 Den Speck ohne Schwarte klein würfeln. Die Möhren und die Zucchini waschen und putzen, die Möhren schälen. Die Fenchelknolle waschen, halbieren, den Strunk keilförmig herausschneiden. Das Gemüse klein würfeln.

2 Das Öl in einem Topf erhitzen, den Speck darin bei mittlerer Hitze 2 Min. anbraten. Die Möhren hinzufügen und 2 Min. mitbraten. Den Fenchel dazugeben. 1 l Wasser angießen, den Herd auf die höchste Stufe schalten.

3 Wenn die Suppe sprudelnd kocht, die Nudeln dazugeben. Den Herd auf mittlere Hitze schalten. Nach ca. 4 Min. die Zucchini einrühren, alles weitere 3 Min. köcheln lassen. Mit Salz und Pfeffer würzen und nach Belieben mit fein gehackten frischen Kräutern bestreut servieren.

Resteverwertung

Diese Suppe lässt sich gut **einfrieren** oder **aufwärmen.** Für mehr Flüssigkeit einfach etwas Wasser oder Tomatensaft zugeben.

Tauschbörse

Wer es exotisch mag, ersetzt den Speck durch gehackte **Krabben** oder **Tofuwürfel,** schmeckt die Suppe mit frischem **Koriander** oder **Ingwer** ab und gart **Glasnudeln** in der Suppe.

herbstlich **Kürbiscremesuppe**

(im Bild hinten)

Für 4 Personen:
1 Zwiebel
1 walnussgroßes Stück Ingwer (ca. 20 g)
800 g Kürbis
2 EL Butter | 100 g Sahne
Salz | Pfeffer

Pro Person: unter 1 €
Zubereitungszeit: ca. 20 Min.
Kochzeit: ca. 20 Min.
Pro Portion: ca. 160 kcal

1 Die Zwiebel und den Ingwer schälen und jeweils klein würfeln. Den Kürbis schälen, Kerne und faserige Teile entfernen, das Fruchtfleisch klein schneiden.

2 Die Butter in einem Topf erhitzen, die Zwiebel und den Ingwer darin bei mittlerer Hitze glasig braten. Den Kürbis dazugeben und 2–3 Min. mitbraten. Dann alles zugedeckt bei schwacher Hitze ca. 5 Min. schmoren.

3 Das Gemüse mit 1/2 l Wasser aufgießen, einmal aufkochen und zugedeckt bei schwacher Hitze ca. 20 Min. köcheln lassen.

4 Den Topf vom Herd nehmen und die Suppe mit dem Pürierstab gründlich pürieren. Die Sahne angießen. Mit dem Pürierstab aufschäumen, wieder auf den Herd stellen. Während die Suppe leise köchelt, mit Salz und Pfeffer abschmecken. Dazu passt geröstetes Weißbrot.

Tauschbörse

Diese Suppe können Sie mit praktisch jedem festen Gemüse zubereiten. Für eine **Möhrensuppe** ersetzen Sie die Sahne durch Orangensaft. Zu **Sellerie** passt statt Ingwer besser etwas frisch geriebene Muskatnuss, zu **Kartoffeln** 2 EL süßer Senf.

mediterran Bohneneintopf mit Schafkäse

Für 4 Personen:
2 Zwiebeln | 1 Knoblauchzehe | 1 EL Olivenöl
1 Dose weiße Bohnen (400 g)
200 g grüne Bohnen | 200 g Schafkäse (Feta)
1 Bund frische Kräuter (z. B. Bohnenkraut, Thymian, Majoran oder Salbei)
Salz | Pfeffer

Pro Person: unter 1 €
Zubereitungszeit: ca. 25 Min.
Pro Portion: ca. 210 kcal

1 Die Zwiebeln und den Knoblauch schälen und fein würfeln. Das Öl in einem großen Topf erhitzen, die Zwiebeln darin scharf anbraten. Den Knoblauch hinzufügen und bei mittlerer Hitze kurz mitbraten. Die weißen Bohnen mit Bohnenwasser dazugeben. Alles zugedeckt bei schwacher Hitze ca. 5 Min. köcheln lassen.

2 Inzwischen die grünen Bohnen waschen, putzen und in ca. 2 cm lange Stücke schneiden. Unter die Bohnensuppe rühren und alles bei mittlerer Hitze ca. weitere 10 Min. garen. Wenn der Eintopf zu trocken wird, etwas Wasser nachgießen.

3 Den Schafkäse würfeln. Die Kräuter waschen und trockenschütteln, die Blättchen fein hacken. Schafkäse und Kräuter unter den Eintopf mischen, mit Salz und Pfeffer abschmecken. Dazu passt kräftiges Bauernbrot oder frisches Baguette.

Resteverwertung
Wenn mal etwas übrig bleibt, lassen sich die Reste **leicht strecken:** Den Eintopf mit etwas Wasser auffüllen, fein gewürfelte Tomaten unterrühren – fertig!

herzhaft **Tomatensuppe mit Fleischbällchen**

Für 4 Personen:
1 altbackenes Brötchen vom Vortag
1 Bund frisches Basilikum
500 g gemischtes Hackfleisch
1 Ei / Salz / Pfeffer / 1 Zwiebel
1 Knoblauchzehe
2 EL neutrales Pflanzenöl
2 Packungen passierte Tomaten (à 500 g)
je 1 Prise Cayennepfeffer und Zucker

Pro Person: unter 1 €
Zubereitungszeit: ca. 30 Min.
Pro Portion: ca. 475 kcal

1 Das Brötchen fein würfeln und in Wasser einweichen. Das Basilikum waschen, trockenschütteln und fein hacken. Das Brötchen ausdrücken und mit dem Hackfleisch, dem Ei und der Hälfte des Basilikums vermischen. Mit Salz und Pfeffer würzen und gründlich durchkneten. Aus dem Teig walnussgroße Bällchen formen.

2 Die Zwiebel und den Knoblauch schälen und fein würfeln. Das Öl in einem großen Topf erhitzen, die Zwiebel darin bei mittlerer Hitze glasig braten. Den Knoblauch dazugeben und kurz mitbraten.

3 Die passierten Tomaten in den Topf dazugießen und einmal aufkochen lassen. Mit Salz, Pfeffer und je 1 Prise Cayennepfeffer und Zucker würzen. Die Fleischbällchen hinzufügen und zugedeckt bei schwacher Hitze ca. 10–12 Min. ziehen lassen. Die Suppe mit dem restlichen Basilikum bestreuen und servieren.

Tauschbörse

Wenn Sie einen Fleischwolf haben, können Sie die Bällchen auch aus **Lammfleisch** (aus der Keule) oder aus **Hähnchenbrustfilet** zubereiten. Besonders raffiniert: Klößchen aus **Entenbrust!** Oder Sie verfeinern Ihre Klößchen und ersetzen ein Viertel des Fleisches durch **Hühnerleber**.

scharf Chili con carne

(im Bild hinten)

Für 6 Personen:
2 Zwiebeln
2 Knoblauchzehen
2 EL Olivenöl
600 g gemischtes Hackfleisch
1 große Dose geschälte Tomaten (800 g)
1 1/2 l Fleischbrühe (Instant)
2 Dosen Kidney-Bohnen (à 400 g)
Salz
Tabasco (nach Belieben)

Pro Person: unter 1 €
Zubereitungszeit: ca. 15 Min.
Kochzeit: ca. 1 Std. 30 Min.
Pro Portion: ca. 390 kcal

1 Die Zwiebeln und den Knoblauch schälen und fein hacken. Das Öl in einem großen Topf erhitzen, das Hackfleisch darin bei starker Hitze scharf anbraten. Die Zwiebeln und den Knoblauch dazugeben und kurz mitbraten.

2 Die Tomaten mit Saft und die Brühe zum Hackfleisch geben und alles offen bei schwacher Hitze ca. 1 Std. köcheln lassen.

3 Die Kidney-Bohnen abtropfen lassen und dazugeben, alles weitere 30 Min. köcheln lassen, dann mit Salz und Tabasco kräftig abschmecken. Dazu passen Tortilla-Chips.

Vegetarische Variante

Statt mit Hackfleisch können Sie das Chili auch gut mit **Sojagranulat** für Hackfleischgerichte (aus dem Reformhaus oder Bioladen) zubereiten. Das Granulat nach Pakungsanweisung in Wasser einweichen und danach weiterverarbeiten wie oben beschrieben.

Klassiker auf neue Art Ratatouille aus Wintergemüse

(im Bild vorne)

Für 6 Personen:
1 Stück Knollensellerie (ca. 300 g)
350 g vorwiegend fest kochende Kartoffeln
300 g Möhren | 1 EL Butter
300–400 ml Gemüsebrühe (Instant)
1 Stange Lauch (ca. 300 g) | 500 g Wirsing
1/2 Bund glatte Petersilie | Salz | Pfeffer
1 Prise Kreuzkümmelpulver

Pro Person: unter 50 Cent
Zubereitungszeit: ca. 30 Min.
Pro Portion: ca. 100 kcal

1 Den Sellerie, die Kartoffeln und die Möhren waschen, schälen und in bleistiftdicke Stifte schneiden. Die Butter in einer großen Pfanne zerlassen, das Gemüse darin bei mittlerer Hitze 2–3 Min. anbraten. 100 ml Brühe angießen, einmal aufkochen lassen. Alles bei schwacher Hitze ca. 10 Min. zugedeckt köcheln lassen.

2 Den Lauch putzen, in Ringe schneiden und waschen. Den Wirsing von welken Blättern befreien und halbieren, die Blätter waschen und streifig schneiden. Lauch und Wirsing unter das Gemüse rühren, die restliche Brühe angießen und alles weitere 10 Min. zugedeckt garen.

3 Die Petersilie waschen und trockenschütteln, die Blättchen fein hacken. Den Eintopf mit Salz, Pfeffer und Kreuzkümmel würzen. Mit der Petersilie bestreut servieren.

Besonders clever!

*Dieses Gericht eignet sich besonders gut zum **Einfrieren**. Wenn Sie nach Ende der Garzeit 75 g Crème fraîche unterrühren, können Sie das Gemüse auch als pikante **Füllung** für Pfannkuchen verwenden.*

exotisch **Puten-Nudelsalat**

Für 4 Personen:
500 g Fusilli / Salz
200 g Putenbrustfilet
1 Bund Frühlingszwiebeln
1 Dose Maiskörner (330 g)
5 EL Öl
1 EL Weißweinessig
4 EL Crème fraîche
Pfeffer
1 TL Kurkumapulver
1/2 Bund Koriandergrün

Pro Person: unter 1 €
Zubereitungszeit: ca. 20 Min.
Pro Portion: ca. 930 kcal

1 Die Fusilli in 6 l kochendem Salzwasser nach Packungsanweisung bissfest garen. Inzwischen das Putenbrustfilet waschen, trockentupfen und in schmale Streifen schneiden. Die Frühlingszwiebeln putzen, waschen und in feine Ringe schneiden. Den Mais abtropfen lassen.

2 1 EL Öl in einer beschichteten Pfanne erhitzen, das Fleisch darin bei starker Hitze ca. 3 Min. scharf anbraten. Die Frühlingszwiebeln dazugeben und ca. 2 Min. mitbraten. Die Fusilli in ein Sieb abgießen, kalt abschrecken, gut abtropfen lassen und in eine Schüssel füllen. Das Putenfleisch mit den Frühlingszwiebeln und den Mais unter die Nudeln mischen.

3 Für das Dressing das restliche Öl mit dem Essig und der Crème fraîche verrühren, mit Salz, Pfeffer und dem Kurkumapulver würzen und unter den Nudelsalat mischen. Den Koriander waschen, trockenschütteln, fein hacken und ebenfalls unter den Salat mischen.

blitzschnell Mexikanischer Bohnensalat

Für 6 Personen:
2 Dosen Kidney-Bohnen (à 400 g)
1 Dose Maiskörner (330 g)
1 reife Avocado
Saft von 1 Zitrone
500 g Tomaten
1/2 Bund Koriandergrün
3 EL Öl
1/2 TL Kreuzkümmelpulver
Salz
Pfeffer

Pro Person: unter 1 €
Zubereitungszeit: ca. 15 Min.
Pro Portion: ca. 305 kcal

1 Die Bohnen kalt abspülen und abtropfen lassen, den Mais ebenfalls abtropfen lassen. Die Avocado halbieren und den Stein entfernen. Die Avocado schälen, in Würfel schneiden und sofort mit 2 EL Zitronensaft beträufeln. Die Tomaten waschen, vierteln und würfeln, dabei die Stielansätze entfernen. Den Koriander waschen, trockenschütteln und fein hacken. Alles in einer Schüssel gründlich mischen.

2 Das Öl und den restlichen Zitronensaft zu einem Dressing verrühren, mit Kreuzkümmel, Salz und Pfeffer würzen. Das Dressing unter den Salat mischen. Dazu passen Baguette oder Tortilla-Chips.

Besonders clever!

Sparen Sie sich die Arbeit, ***Kräuterblätter*** *von den Stielen zu zupfen: Schneiden Sie den Bund komplett in Streifen, am besten mit der Küchenschere – das geht schneller, und die Stiele sind oft besonders aromatisch. Ausnahmen: Glatte Petersilie und Rosmarin, da sind die Stiele zu hart!*

kalorienarm **Vitaminsalat mit Knuspertofu**

(im Bild hinten)

Für 4 Personen:
1 Kopf grüner Salat
(z. B. Kopfsalat, Eichblatt, Romana)
1 gelbe Paprikaschote
je 2 Tomaten und Möhren
250 g Tofu / 1 EL neutrales Pflanzenöl
150 g Magerjoghurt / 2 EL Kürbiskernöl
Saft von 1/2 Zitrone / Salz
Pfeffer / 1 EL Kürbiskerne

Pro Person: unter 1 €
Zubereitungszeit: ca. 25 Min.
Pro Portion: ca. 175 kcal

1 Den Salat zerpflücken, putzen, waschen und trockenschütteln. Die Paprika waschen, vierteln und putzen. Die Schotenviertel quer in dünne Streifen schneiden. Die Tomaten waschen, vierteln und in Scheiben schneiden, dabei die Stielansätze entfernen. Die Möhren putzen, schälen und grob raspeln. Alles in einer Schüssel mischen.

2 Den Tofu in 1/2–1 cm große Würfel schneiden. Das Öl in einer beschichteten Pfanne erhitzen, den Tofu darin von allen Seiten goldbraun braten. Auf Küchenpapier abtropfen lassen.

3 Den Joghurt, das Kürbiskernöl, den Zitronensaft, Salz und Pfeffer zu einem Dressing verquirlen und unter den Salat mischen. Den Tofu darauf verteilen. Die Kürbiskerne in einer beschichteten Pfanne ohne Fett ca. 1 Min. rösten und über den Salat streuen.

Clever genießen

Mehr Geschmack erhält der Tofu, wenn Sie ihn vor dem Braten in je 1 EL **Sojasauce** und **Zitronensaft** 20 Min. marinieren und dann abtropfen lassen.

Tauschbörse

Für den Vitaminsalat können Sie statt Kürbiskernen auch **Pistazien, Sonnenblumen- oder Pinienkerne** verwenden. Rösten Sie gleich Körner auf Vorrat und bewahren Sie diese in einem dicht schließenden Glas auf. So können Sie jeden Blattsalat zu einer raffinierten Vorspeise aufwerten.

mediterran **Nizzasalat**

(im Bild vorne)

Für 4 Personen:
300 g Pellkartoffeln vom Vortag
300 g Tomaten / 3 hart gekochte Eier
1 grüne Paprikaschote / 1 Zwiebel / 1 Kopfsalat
1 Dose naturell eingelegter Tunfisch (200 g)
100 g schwarze Oliven ohne Stein
(aus dem Glas)
125 g mild eingelegte Peperoni (aus dem Glas)
6 EL Olivenöl / 3 EL Weinessig
1/2 EL mittelscharfer oder grobkörniger Senf
1 Prise Zucker / Salz / Pfeffer

Pro Person: unter 1,50 €
Zubereitungszeit: ca. 25 Min.
Pro Portion: ca. 540 kcal

1 Die Kartoffeln pellen und würfeln. Die Tomaten waschen und achteln, dabei die Stielansätze entfernen. Die Eier pellen und achteln.

2 Die Paprika waschen, halbieren und putzen. Die Schotenhälften in Streifen schneiden. Die Zwiebel schälen und in Ringe schneiden. Den Salat zerpflücken, putzen, waschen und trockenschütteln. Den Tunfisch abtropfen lassen und grob zerzupfen. Alles mit den Oliven und Peperoni in eine Schüssel geben.

3 Das Öl, den Essig, den Senf, den Zucker, Salz und Pfeffer zu einem Dressing verrühren und unter den Salat mischen.

vegetarisch **Spinatnudeln**

Für 4 Personen:
500 g Tagliatelle (schmale Bandnudeln)
Salz / 1 EL Butter
60 g Pinienkerne (ersatzweise Mandelstifte)
500 g TK-Blattspinat (»Minis«)
200 g Crème fraîche / Pfeffer
1 Prise frisch geriebene Muskatnuss

Pro Person: unter 1,50 €
Zubereitungszeit: ca. 20 Min.
Pro Portion: ca. 795 kcal

1 Die Nudeln nach Packungsanweisung bissfest garen. Die Butter in einer Pfanne erhitzen, die Pinienkerne darin ca. 2 Min. rösten. Den Spinat dazugeben und zugedeckt bei mittlerer Hitze auftauen lassen, dann die Crème fraîche unterrühren, alles einmal aufkochen lassen. Mit Salz, Pfeffer und Muskat würzen.

2 Tagliatelle in ein Sieb abgießen, abtropfen lassen. Mit dem Spinat vermengen und servieren.

Tauschbörse

Statt Spinat können Sie auch in Streifen geschnittenen frischen **Mangold, Wirsing** oder **Austernpilze** verwenden. Die Nudeln schmecken besonders herzhaft, wenn Sie 100 g durchwachsenen **Räucherspeck** in Würfeln mit den Nüssen mitbraten.

Backofenvariante

Die Spinatnudeln schmecken auch als **Gratin** sehr gut: Einfach die fertig gegarten Nudeln mit dem Spinat aus der Pfanne in eine gebutterte, feuerfeste Form füllen und vermengen. Mit grob geriebenem Parmesan und Butterflöckchen bestreuen. Im auf 200° vorgeheizten Backofen (Mitte, Umluft 180°) ca. 15–20 Min. überbacken.

für Gäste Gorgonzolanudeln

Für 4 Personen:
500 g kurze Nudeln (z. B. Penne oder Rigatoni)
Salz
400 g Gorgonzola
200 g Sahne
50 ml Weißwein (ersatzweise Gemüsebrühe)
Pfeffer
evtl. etwas Milch

Pro Person: unter 1,50 €
Zubereitungszeit: ca. 15 Min.
Pro Portion: ca. 975 kcal

1 Die Nudeln in 6 l kochendem Salzwasser nach Packungsanweisung bissfest garen.

2 Inzwischen den Gorgonzola grob zerteilen und in einen Topf geben. Bei schwacher Hitze langsam schmelzen lassen, dabei immer wieder umrühren. Wenn eine dicke Creme entstanden ist, die Sahne und den Weißwein dazugießen. Bei starker Hitze einmal aufkochen lassen. Mit Salz und Pfeffer würzen. Falls die Sauce zu dick ist, mit etwas Milch verdünnen.

3 Die Nudeln in ein Sieb abgießen, abtropfen lassen und mit der Gorgonzolasauce servieren.

Luxusvariante

Die Nudeln schmecken noch raffinierter, wenn Sie sie zusätzlich mit gehackten **Walnüssen** bestreuen! Im Sommer machen sich halbierte **Kirschtomaten** und gehackte **Basilikumblätter** als Topping und Farbtupfer sehr gut.

Resteverwertung

Saucenreste lassen sich ganz einfach strecken: Die übrige Sauce erwärmen, Gorgonzola grob hineinbröckeln und unter ständigem Rühren schmelzen. Die Sauce bis zur gewünschten Menge und Konsistenz mit Sahne und Wein aufgießen. Evtl. mit Salz und Pfeffer nachwürzen.

erfrischend Spaghetti mit Zitronensauce

(im Bild hinten)

Für 4 Personen:
500 g Spaghetti
Salz
1 Bund glatte Petersilie
2 Knoblauchzehen
3 Zitronen
6 EL Olivenöl
Pfeffer

Pro Person: unter 1 €
Zubereitungszeit: ca. 15 Min.
Pro Portion: ca. 600 kcal

1 Die Spaghetti in 6 l kochendem Salzwasser nach Packungsanweisung bissfest garen.

2 Inzwischen die Petersilie waschen und trockenschütteln, die Blättchen fein hacken. Den Knoblauch schälen. Die Zitronen auspressen, den Saft mit 5 EL Olivenöl vermischen.

3 Das restliche Öl in einer großen beschichteten Pfanne erhitzen. Den Knoblauch dazupressen und hellgelb braten (nicht braun werden lassen, sonst schmeckt er bitter!). Die Zitronen-Öl-Mischung dazugießen und bei schwacher Hitze langsam erwärmen. Die Petersilie unterrühren, mit Salz und Pfeffer würzen.

4 Die Spaghetti in ein Sieb abgießen und gut abtropfen lassen. In einer Schüssel mit der Zitronensauce mischen. Nach Belieben mit frisch geriebenem Parmesan servieren.

Resteverwertung

So wird aus **Nudelresten** blitzschnell eine wunderbare **Beilage** zu kurz gebratenem Kalb, Schwein oder Huhn: Die Nudeln mit zwei Messern klein schneiden, 5 Min. in heißer Butter schwenken – fertig!

würzig Spaghetti in pikanter Tomatensauce

(im Bild vorne)

Für 4 Personen:
500 g Spaghetti
Salz
4 Zweige frisches Basilikum
1 Zwiebel
2 Knoblauchzehen
70 g grüne oder schwarze Oliven ohne Stein (aus dem Glas)
1 EL Olivenöl
2 EL Kapern
1 Packung stückige Tomaten (500 g)
Pfeffer
Tabasco (nach Belieben)

Pro Person: unter 1 €
Zubereitungszeit: ca. 20 Min.
Pro Portion: ca. 530 kcal

1 Die Spaghetti in 6 l kochendem Salzwasser nach Packungsanweisung bissfest garen.

2 Inzwischen das Basilikum waschen, trockenschütteln und fein schneiden. Die Zwiebel und den Knoblauch schälen und fein hacken. Die Oliven grob hacken.

3 Das Öl in einer Pfanne erhitzen. Die Zwiebel und den Knoblauch darin bei mittlerer Hitze kurz anbraten. Dann die Oliven, die Kapern und die Tomaten unterrühren. Einmal aufkochen lassen, mit Salz, Pfeffer und Tabasco nach Geschmack würzen und bei schwacher Hitze weiterköcheln lassen, bis die Spaghetti fertig sind.

4 Vom Nudelwasser ca. 100 ml abnehmen und zur Sauce gießen. Das Basilikum unterrühren. Die Spaghetti in ein Sieb abgießen, gut abtropfen lassen und mit der Sauce vermengen. Nach Belieben mit frisch geriebenem Parmesan servieren.

herbstlich **Fusilli mit Kürbis**

Für 4 Personen:
1–2 Zwiebeln
600 g Kürbis | 1 EL Butter
100 ml Weißwein
(ersatzweise Gemüsebrühe)
400 g Sahne
500 g Fusilli | Salz
1 Prise frisch geriebene Muskatnuss
weißer Pfeffer

Pro Person: unter 1 €
Zubereitungszeit: ca. 30 Min.
Pro Portion: ca. 825 kcal

1 Die Zwiebeln schälen und fein würfeln. Den Kürbis schälen, Kerne und faserige Teile entfernen, das Fruchtfleisch in ca. 1 cm große Würfel schneiden. Für die Fusilli 6 l Wasser zum Kochen bringen.

2 Die Butter in einem Topf erhitzen, die Zwiebeln darin glasig braten. Dann die Kürbiswürfel dazugeben und unter Rühren 2–3 Min. mitbraten. Mit dem Weißwein ablöschen. Die Sahne unterrühren. Den Kürbis zugedeckt bei schwacher Hitze ca. 10 Min. garen. Inzwischen die Fusilli in dem gesalzenen kochenden Wasser nach Packungsanweisung bissfest garen.

3 Die Kürbissauce mit Muskatnuss, Salz und Pfeffer würzen. Die Nudeln in ein Sieb abgießen und gut abtropfen lassen. Nudeln und Sauce vermengen und servieren.

Luxusvariante

Zusammen mit der Zwiebel 1 walnussgroßes Stück fein gehackten, frischen **Ingwer** anbraten. 5 Min. vor Ende der Garzeit 200 g gewürfeltes **Lachsfilet** unter den Kürbis mischen.

pikant

Olivennudeln

Für 4 Personen:
500 g Nudeln (z. B. Tagliatelle oder Spaghetti)
Salz | 2 Knoblauchzehen
1 EL Olivenöl
200 g grüne Oliven ohne Stein (aus dem Glas)
Pfeffer
100 g Parmesan oder Pecorino, frisch gerieben

Pro Person: unter 1,50 €
Zubereitungszeit: ca. 15 Min.
Pro Portion: ca. 640 kcal

1 Die Nudeln in 6 l kochendem Salzwasser nach Packungsanweisung bissfest garen.

2 Inzwischen den Knoblauch schälen. Das Öl in einer Pfanne erhitzen, den Knoblauch dazupressen und die Oliven dazugeben. Beides bei mittlerer Hitze ca. 2 Min. anbraten. In einen hohen Becher umfüllen und pürieren. Mit Salz und Pfeffer abschmecken. Die Sauce wieder in die Pfanne geben und zugedeckt warm halten, bis die Nudeln fertig sind.

3 Die Nudeln in ein Sieb abgießen, abtropfen lassen und unter die Sauce mischen. Mit dem geriebenen Käse servieren.

Stylingtipp

Besonders edel sieht dieses Gericht aus, wenn Sie den Käse nicht fein reiben, sondern mit dem Gemüsehobel oder Sparschäler **dünne Scheiben** abhobeln oder ihn grob reiben.

Besonders clever!

Parmesan *kann man sehr gut auf Vorrat reiben. Portionsweise in Plastikbeuteln einfrieren und ohne Auftauen verwenden – funktioniert prima!*

mediterran Gnocchi mit Auberginen

(im Bild hinten)

Für 4 Personen:
1 Aubergine (ca. 300 g) | Salz
1 Kugel Mozzarella (125 g) | 1 Zwiebel
1 Bund frisches Basilikum | 4 EL Olivenöl
1 Dose stückige Tomaten (400 g)
2 EL Kapern
Pfeffer | 800 g Gnocchi (aus dem Kühlregal)

Pro Person: unter 2 €
Zubereitungszeit: ca. 30 Min.
Pro Portion: ca. 335 kcal

1 Die Aubergine waschen, putzen und fein würfeln. Mit Salz bestreuen, 10 Min. ziehen lassen.

2 Inzwischen den Mozzarella abtropfen lassen und in kleine Würfel schneiden. Die Zwiebel schälen und fein hacken. Das Basilikum waschen, trockenschütteln und fein schneiden. Die Auberginenwürfel abtupfen und in 3 EL Öl bei starker Hitze ca. 8 Min. von allen Seiten braun werden lassen. Auf Küchenpapier abtropfen lassen.

3 Die Zwiebel in 1 EL Öl glasig dünsten. Die Tomaten dazugeben und erhitzen. Die Auberginen, die Kapern und das Basilikum unter die Tomaten rühren, salzen und pfeffern. Die Gnocchi untermischen und in der Sauce erhitzen. Kurz vor dem Servieren die Mozzarellawürfel untermengen.

Clever sparen

Im Discounter erhalten Sie auch **vakuumverpackte Gnocchi,** diese sind im Vergleich günstiger als frische Gnocchi aus dem Kühlregal. Mischen Sie die Gnocchi einfach ohne Vorkochen unter die Tomatensauce, wie oben beschrieben, und lassen Sie sie bei mittlerer Hitze 6–8 Min. in der Sauce garen.

herzhaft Schupfnudeln mit Kraut

(im Bild vorne)

Für 2 Personen:
50 g durchwachsener Räucherspeck
1 Zwiebel
1 säuerlicher Apfel (ca. 150 g)
1 Dose Sauerkraut (300 g)
100 ml Weißwein (ersatzweise Fleischbrühe)
400 g Schupfnudeln (aus dem Kühlregal)
1 TL Butter
Salz
Pfeffer

Pro Person: unter 1,50 €
Zubereitungszeit: ca. 25 Min.
Pro Portion: ca. 550 kcal

1 Den Speck ohne Schwarte fein würfeln. Die Zwiebel schälen und ebenfalls würfeln. Den Apfel schälen, vierteln und würfeln, dabei das Kernhaus entfernen.

2 Den Speck in einem Topf auf die kalte Herdplatte stellen. Erhitzen und ca. 2 Min. anbraten. Die Zwiebel dazugeben und mitbraten. Den Apfel und das Sauerkraut untermischen, mit Weißwein aufgießen und zugedeckt bei mittlerer Hitze ca. 10 Min. schmoren.

3 Die Butter in einem Topf zerlassen, die Schupfnudeln darin in ca. 3 Min. knusprig braten. Das Sauerkraut dazugeben und gründlich untermischen. Mit Salz und Pfeffer würzen und servieren.

Klassiker Spaghetti alla bolognese

Für 4 Personen:
1–2 Zwiebeln
2 Knoblauchzehen
1 Möhre | 2 EL Olivenöl
300 g gemischtes Hackfleisch
1 Dose geschälte Tomaten (400 g)
2 TL getrockneter Thymian
500 g Spaghetti
Salz | Pfeffer
100 g Parmesan, frisch gerieben

Pro Person: unter 1 €
Zubereitungszeit: ca. 30 Min.
Pro Portion: ca. 820 kcal

1 Die Zwiebeln und die Knoblauchzehen schälen und fein würfeln. Die Möhre putzen, schälen und klein würfeln. Das Olivenöl in einem Topf erhitzen, die Zwiebeln und die Möhre darin unter Rühren 2–3 Min. dünsten. Den Knoblauch dazugeben und kurz mitdünsten. Das Hackfleisch hinzufügen und unter Rühren bei mittlerer Hitze in ca. 5 Min. krümelig braten.

2 Die Tomaten mit dem Saft unter das Hackfleisch rühren. Den Thymian ebenfalls unterrühren. Alles zugedeckt bei mittlerer Hitze ca. 15–20 Min. köcheln lassen.

3 Inzwischen die Spaghetti in 6 l kochendem Salzwasser nach Packungsanweisung bissfest garen.

4 Die Nudeln in ein Sieb abgießen und abtropfen lassen. Die Sauce mit Salz und Pfeffer abschmecken. Spaghetti und Sauce auf vier Teller verteilen und mit dem Parmesan servieren.

exotisch **Farfalle mit Putenragout**

Für 4 Personen:
400 g Farfalle | Salz
200 g getrocknete Aprikosen
200 ml Weißwein
(ersatzweise Geflügelbrühe)
3 Zweige glatte Petersilie
400 g Putenbrustfilet
1 TL Butterschmalz
1 TL Mehl
200 ml Geflügelbrühe (Instant)
je 1/2 TL Kurkuma-, Koriander- und Chilipulver
Pfeffer

Pro Person: unter 2 €
Zubereitungszeit: ca. 25 Min.
Pro Portion: ca. 640 kcal

1 Die Farfalle in 5 l kochendem Salzwasser nach Packungsanweisung bissfest garen.

2 Inzwischen die Aprikosen klein würfeln und in dem Weißwein einweichen. Die Petersilie waschen, trockenschütteln, die Blättchen abzupfen und fein hacken. Das Putenfleisch kalt abspülen, trockentupfen und in schmale Streifen schneiden.

3 Das Butterschmalz in einer großen Pfanne erhitzen. Das Fleisch darin unter Rühren bei starker Hitze ca. 5 Min. scharf anbraten, bis es leicht gebräunt ist. Das Mehl durch ein Sieb darüber stäuben. Den Weißwein mit den Aprikosen und die Geflügelbrühe dazugeben, einmal aufkochen lassen und mit Kurkuma-, Koriander- und Chilipulver sowie Salz und Pfeffer abschmecken.

4 Die Nudeln in ein Sieb abgießen, gut abtropfen lassen und unter das Ragout mischen. Mit der Petersilie bestreut servieren.

1

2

3

super vorzubereiten Gefüllte Gemüsevariationen

(im Bild vorne)

Für 4 Personen:
2 Kohlrabi (à 400 g) | 2 Zucchini (à 200 g)
5 Sardellenfilets (aus dem Glas) | 1 Zwiebel
1 EL neutrales Pflanzenöl
200 g gemischtes Hackfleisch | Salz | Pfeffer
2 Eier | 100 g Emmentaler, frisch gerieben
200 ml Gemüsebrühe (Instant)

Pro Person: unter 1,50 €
Zubereitungszeit: ca. 30 Min.
Backzeit: ca. 25 Min.
Pro Portion: ca. 350 kcal

1 Kohlrabi waschen, putzen, schälen und quer halbieren. Zucchini waschen, putzen und längs halbieren. Die Gemüsehälften aushöhlen, so dass nur ein dünner Rand stehen bleibt **(Step 1)**. Das Ausgehöhlte fein würfeln. Sardellen abspülen, fein würfeln und untermischen.

2 Die Zwiebel schälen, fein würfeln und in dem Öl glasig braten. Das Hackfleisch dazugeben und ca. 5 Min. mitbraten. Salzen und pfeffern. Das Fleisch in eine Schüssel füllen.

3 Den Backofen auf 200° vorheizen. Je 1 Ei unter die Gemüse- und die Fleischmischung rühren. Die Kohlrabihälften salzen und mit der Gemüsemischung, die Zucchinihälften mit dem Hackfleisch füllen **(Step 2)**, jeweils mit dem Käse bestreuen **(Step 3)**. Die Brühe in die Fettpfanne gießen. Die Kohlrabi hineinsetzen und im heißen Ofen (Mitte, Umluft 180°) ca. 25 Min. gratinieren, nach 10 Min. die Zucchini dazusetzen.

Resteverwertung

Übrig gebliebene Gemüsefüllung eignet sich perfekt für **Blätterteigtaschen.** Einfach die Füllung mit 1–2 EL saurer Sahne verfeinern und wie auf Seite 53 beschrieben weiterverarbeiten.

vegetarisch Gemüse-Quiche

(im Bild hinten)

Für 4 Personen:
2 Stangen Lauch (ca. 600 g)
200 g Möhren
200 g saure Sahne
2 Eier
200 g TK-Erbsen
Salz
Pfeffer
1 Rolle Blätterteig (275 g, aus dem Kühlregal)
100 g Edamer in Scheiben
Fett für die Form
Außerdem:
1 Spring- oder Quicheform (28–30 cm Ø)

Pro Person: unter 1 €
Zubereitungszeit: ca. 20 Min.
Backzeit: ca. 25 Min.
Pro Portion: ca. 490 kcal

1 Den Lauch putzen, in Ringe schneiden und waschen. Die Möhren putzen, schälen und grob raspeln. Die saure Sahne mit den Eiern verquirlen, in einer Schüssel mit dem Lauch, den Möhren und den unaufgetauten Erbsen mischen. Mit Salz und Pfeffer würzen.

2 Den Backofen auf 200° vorheizen. Eine Springform fetten. Die Teigrolle auf einem feuchten Küchentuch ausbreiten, großzügig zuschneiden und in die Form legen, dabei einen Rand formen.

3 Die Gemüsemischung gleichmäßig auf dem Teig verteilen. Die Käsescheiben in daumenbreite Streifen schneiden und die Quiche damit belegen. Im Backofen ca. 20–25 Min. backen, bis der Käse zu bräunen beginnt. Dazu passt ein grüner Salat.

herzhaft Wirsingroulade

Für 4 Personen:
1 Kopf Wirsing (ca. 1 kg) | Salz
1 Zwiebel | 50 g fetter Speck
400 g gemischtes Hackfleisch | 1 Ei
Pfeffer | 1 Prise frisch geriebene Muskatnuss
Öl zum Fetten

Pro Person: unter 1 €
Zubereitungszeit: ca. 30 Min.
Backzeit: ca. 45 Min.
Pro Portion: ca. 400 kcal

1 Welke Blätter vom Wirsing entfernen. 16 Blätter ablösen, waschen, die dicken Mittelrippen flach schneiden. Das Wirsingherz ohne Strunk fein hacken, beiseite stellen. In einem Topf reichlich Wasser zum Kochen bringen, salzen. Die Wirsingblätter darin 1 Min. blanchieren, abgießen, eiskalt abschrecken und abtropfen lassen.

2 Die Zwiebel schälen und fein hacken. Den Speck fein würfeln. Zwiebeln, Speck, Hackfleisch, Wirsingherz und das Ei gründlich in einer Schüssel mischen und mit Salz, Pfeffer und Muskatnuss herzhaft würzen. Zwei ca. 35 cm lange Stücke Alufolie einölen und nebeneinander auf die Arbeitsfläche legen. Jeweils 8 Wirsingblätter darauf ausbreiten, dabei die Blätter doppelt legen.

3 Den Backofen auf 200° vorheizen. Je die Hälfte des Fleischteigs als längliche Rolle auf die Mitte der Wirsingblätter legen. Die Blätter über dem Fleisch zuschlagen. Die beiden Wirsingrouladen fest in die Alufolie wickeln. Im heißen Backofen (Mitte, Umluft 180°) ca. 45 Min. garen. Zum Servieren in dicke Scheiben schneiden. Dazu passen Tomaten- oder Béchamelsauce und Kartoffelpüree.

vegetarisch Nudelgratin mit Fenchel

Für 4 Personen:
500 g Penne | 1 Zwiebel
2 Fenchelknollen (ca. 600 g) | Salz | 4 EL Butter
3 EL Mehl | 400 ml Milch | 1–2 TL Zitronensaft
1 Prise frisch geriebene Muskatnuss | Pfeffer
50 g Parmesan oder Pecorino, frisch gerieben
Fett für die Form

Pro Person: unter 1 €
Zubereitungszeit: ca. 30 Min.
Backzeit: ca. 20 Min.
Pro Portion: ca. 700 kcal

1 Für die Penne 6 l Wasser zum Kochen bringen. Die Zwiebel schälen, halbieren und in feine Scheiben schneiden. Fenchel waschen, halbieren, die Strünke keilförmig herausschneiden. Den Fenchel mit dem Grün streifig schneiden. Penne in dem gesalzenen kochenden Wasser nach Packungsanweisung bissfest garen. Zwiebel und Fenchel in 1 EL Butter 5 Min. anbraten, beiseite stellen. Den Ofen auf 200° vorheizen.

2 Für die Béchamelsauce 3 EL Butter in einem Topf bei mittlerer Hitze zerlassen. Das Mehl unter ständigem Rühren mit dem Schneebesen darin anschwitzen. Die Milch nach und nach dazugießen, dabei immer weiterrühren. Die Sauce einmal aufkochen, dann 1–2 Min. köcheln lassen, vom Herd nehmen und mit dem Zitronensaft, Muskat, Salz und Pfeffer abschmecken.

3 Eine feuerfeste Form fetten. Die Nudeln abgießen, abtropfen lassen und mit dem Gemüse und der Sauce in die Form füllen, vermengen und mit dem Käse bestreuen. Im heißen Ofen (Mitte, Umluft 180°) ca. 20 Min. überbacken.

Besonders clever!

***Béchamelsauce** können Sie gut auf Vorrat zubereiten und portionsweise einfrieren. Sie gehört zu Lasagne (Seite 43) und eignet sich für jede Art Auflauf zum Überbacken.*

Klassiker Lasagne al forno

(im Bild vorne)

Für 4 Personen:
2 Zwiebeln | 1 Knoblauchzehe
2 EL Olivenöl
300 g gemischtes Hackfleisch
1 große Dose geschälte Tomaten (800 g)
1 EL Tomatenmark | 1 TL getrockneter Thymian
Salz | Pfeffer | 5 EL Butter
3 EL Mehl | 400 ml Milch
1 Prise frisch geriebene Muskatnuss
10 Lasagneblätter (ohne Vorkochen)
100 g Parmesan, frisch gerieben
Fett für die Form

Pro Person: unter 1,50 €
Zubereitungszeit: ca. 30 Min.
Backzeit: ca. 30 Min.
Pro Portion: ca. 940 kcal

1 Die Zwiebeln und den Knoblauch schälen, würfeln und in dem Öl ca. 2 Min. anbraten. Das Hackfleisch dazugeben und bei mittlerer Hitze in ca. 5 Min. krümelig braten. Die Tomaten und das Tomatenmark untermischen. Alles ca. 10 Min. bei schwacher Hitze köcheln lassen. Mit Thymian, Salz und Pfeffer abschmecken.

2 Inzwischen 3 EL Butter in einem Topf zerlassen. Das Mehl unter ständigem Rühren mit einem Schneebesen darin anschwitzen. Die Milch nach und nach dazugießen, dabei immer weiterrühren. Die Sauce einmal aufkochen, 1–2 Min. köcheln lassen, vom Herd nehmen und mit Salz, Pfeffer und etwas Muskat würzen.

3 Den Backofen auf 200° vorheizen. Eine eckige Auflaufform fetten. Lagenweise Nudelblätter, etwas Fleischmischung und Béchamelsauce einfüllen, bis alles verbraucht ist. Mit Sauce enden. Die Lasagne mit Parmesan und der restlichen Butter in Flöckchen bestreuen. Im heißen Ofen (Mitte, Umluft 180°) ca. 30 Min. überbacken.

mediterran Auberginen-Parmigiana

(im Bild hinten)

Für 4 Personen:
1 kg Auberginen | Salz
2 große Dosen geschälte Tomaten (à 800 g)
1 Bund frisches Basilikum | Pfeffer
1 TL Zucker | 3 Kugeln Mozzarella (à 125 g)
8–10 EL Olivenöl
100 g Parmesan, frisch gerieben
Fett für die Form

Pro Person: unter 2 €
Zubereitungszeit: ca. 30 Min.
Backzeit: ca. 30 Min.
Pro Portion: ca. 630 kcal

1 Die Auberginen waschen, putzen, in Scheiben schneiden, auf Küchenpapier nebeneinander legen und salzen. Ca. 10 Min. ziehen lassen.

2 Die Tomaten abtropfen lassen und grob zerkleinern. Das Basilikum waschen, trockenschütteln und fein hacken. Unter die Tomaten mischen, mit Salz, Pfeffer und dem Zucker würzen. Den Mozzarella abtropfen lassen und in Würfel schneiden. Die Auberginen trockentupfen.

3 In zwei großen Pfannen jeweils 2–3 EL Olivenöl erhitzen, die Auberginen darin portionsweise auf beiden Seiten braun braten. Immer wieder etwas Öl nachgießen (Achtung – verbraucht sehr viel Öl!). Die Auberginen auf Küchenpapier abtropfen lassen. Den Ofen auf 200° vorheizen.

4 Eine feuerfeste Form fetten. Ein Drittel der Auberginen in die Form schichten. Darüber die Hälfte der Tomaten und die Hälfte des Mozzarellas einschichten, dann jeweils eine weitere Lage Auberginen, Tomaten und Mozzarella, mit Auberginen enden. Mit dem Parmesan bestreuen. Den Auflauf im heißen Ofen (Mitte, Umluft 180°) in ca. 30 Min. goldbraun überbacken.

würzig Kartoffel-Hackfleisch-Auflauf

Für 4 Personen:
700 g mehlig kochende Kartoffeln
1 Zwiebel | 1 Knoblauchzehe
1 frische rote Chilischote
1 EL neutrales Pflanzenöl
250 g gemischtes Hackfleisch
1 TL getrockneter Thymian
3 EL Tomatenmark
100 ml Fleischbrühe (Instant)
Salz | Cayennepfeffer
1 Dose Maiskörner (330 g)
125 g Crème fraîche | 100 ml Milch
100 g Emmentaler, frisch gerieben
Fett für die Form

Pro Person: unter 1,50 €
Zubereitungszeit: ca. 30 Min.
Backzeit: ca. 30 Min.
Pro Portion: ca. 755 kcal

1 Die Kartoffeln waschen, schälen und auf dem Gemüsehobel in sehr feine Scheiben hobeln. Die Zwiebel und den Knoblauch schälen und würfeln. Die Chili putzen, längs aufschlitzen, entkernen, waschen und fein würfeln. Zwiebel, Knoblauch und Chili bei mittlerer Hitze in dem Öl anbraten. Das Hackfleisch dazugeben und ca. 5 Min. mitbraten. Thymian, Tomatenmark und die Brühe unterrühren, mit Salz und Cayenne würzen.

2 Den abgetropften Mais und die Crème fraîche in einer Schüssel mischen und salzen. Den Backofen auf 175° vorheizen. Eine Lage Kartoffeln in eine gefettete feuerfeste Form schichten und salzen. Dann jeweils eine Lage Fleisch, Kartoffeln, Mais einschichten, mit Kartoffeln enden. Die Milch darüber gießen, mit dem Käse bestreuen. Im heißen Ofen (Mitte, Umluft 160°) in ca. 25–30 Min. goldbraun überbacken.

ganz einfach

Jägerhähnchen

Für 4 Personen:

4 Hähnchenkeulen (à 200 g)
2 Zweige frischer Rosmarin
700 g vorwiegend fest kochende Kartoffeln
je 1 rote, gelbe und grüne Paprikaschote
Salz
4 EL Olivenöl
Pfeffer
rosenscharfes Paprikapulver (nach Belieben)
Öl für das Backblech

Pro Person: unter 1,50 €
Zubereitungszeit: ca. 20 Min.
Backzeit: ca. 50 Min.
Pro Portion: ca. 470 kcal

1 Die Hähnchenkeulen kalt abspülen und mit Küchenpapier gut trockentupfen. Ein Backblech mit Öl einfetten und die Hähnchenkeulen darauf legen.

2 Den Backofen auf 200° vorheizen. Den Rosmarin waschen und trockenschütteln, die Nadeln abzupfen und fein hacken. Die Kartoffeln gründlich waschen und ungeschält würfeln. Die Paprika waschen, halbieren und putzen. Die Schotenhälften in grobe Streifen schneiden. Das Gemüse um die Hähnchenkeulen verteilen, mit Salz und der Hälfte des Rosmarins würzen.

3 Das Olivenöl mit dem restlichen Rosmarin, Salz und Pfeffer verrühren und über die Hähnchenkeulen träufeln. Mit etwas Paprikapulver bestreuen. Die Hähnchenkeulen im heißen Backofen (Mitte, Umluft 180°) ca. 50 Min. garen.

Tauschbörse

Je nachdem, was gerade billiger zu haben ist, können Sie statt der Paprikaschoten auch **Zucchini** nehmen. Diese waschen, putzen, in dicke Scheiben schneiden, ca. 25 Min. vor Ende der Garzeit auf das Blech geben und mit 2 EL Olivenöl beträufeln.

1

2

3

asiatisch **Grünes Gemüsecurry**

(im Bild vorne)

Für 4 Personen:
300 g Basmatireis / Salz / 2 Zwiebeln
2 grüne Paprikaschoten / 500 g Brokkoli
1 EL neutrales Pflanzenöl / 200 g TK-Erbsen
1 Dose ungesüßte Kokosmilch (400 ml)
1–2 EL Currypulver / 3 Zweige Koriandergrün
1–2 EL thailändische Fischsauce (Asienladen; ersatzweise Sojasauce)
Tabasco (nach Belieben)

Pro Person: unter 1,50 €
Zubereitungszeit: ca. 30 Min.
Pro Portion: ca. 370 kcal

1 Reis mit 1 Prise Salz in 600 ml Wasser einmal aufkochen lassen, dann zugedeckt auf der warmen Herdplatte ca. 20 Min. ausquellen lassen.

2 Inzwischen die Zwiebeln schälen, halbieren und in dünne Scheiben schneiden. Die Paprika waschen, vierteln, putzen und in schmale Streifen schneiden. Den Brokkoli waschen, putzen und in kleine Röschen zerteilen.

3 Das Öl in einem Wok oder in einer großen beschichteten Pfanne erhitzen, die Zwiebeln darin glasig braten. Das restliche Gemüse und die unaufgetauten Erbsen hinzufügen und alles bei mittlerer Hitze unter Rühren 3–5 Min. mitbraten. Kokosmilch und Currypulver dazugeben und alles ca. 10 Min. köcheln lassen. Den Koriander waschen, trockenschütteln und fein hacken. Das Curry mit Fischsauce und Tabasco abschmecken. Mit Koriander bestreut zum Reis servieren.

Luxusvariante

Diesen Klassiker der Asia-Küche können Sie mit **Garnelen, Fischfilet** oder **Hühnerbrust** zum exotischen Gästeessen aufwerten! Einfach Fisch oder Fleisch zerteilen und separat anbraten. 2 Min. vor Ende der Garzeit zum Curry dazugeben.

für Gourmets **Champignon-Risotto**

(im Bild hinten)

Für 4 Personen:
500 g Champignons
1 1/2 l Fleisch- oder Gemüsebrühe (Instant)
1 Zwiebel
200 g Butter
300 g Risottoreis (Carnaroli oder Arborio, ersatzweise Milchreis)
200 g Parmesan, frisch gerieben
Salz / Pfeffer

Pro Person: unter 1,50 €
Zubereitungszeit: ca. 30 Min.
Pro Portion: ca. 930 kcal

1 Die Champignons putzen, trocken abreiben und fein würfeln. Die Brühe in einem Topf erhitzen. Die Zwiebel schälen, würfeln und in einem zweiten Topf in 50 g Butter glasig dünsten. Den Reis zu den Zwiebeln geben. Bei starker Hitze unter Rühren ca. 2 Min. anbraten, bis die Körner glasig sind **(Step 1)**. Dann 1–2 Schöpfkellen Brühe dazugießen, so dass der Reis mit Flüssigkeit bedeckt ist **(Step 2)**.

2 Den Risotto bei mittlerer Hitze ca. 20 Min. offen garen. Sobald die Flüssigkeit verdampft ist, bis zum Ende der Garzeit, immer wieder heiße Brühe nachgießen und regelmäßig umrühren. Nach 15 Min. die restliche Butter, die Champignons und den Parmesan hinzufügen und unterrühren **(Step 3)**. Mit Salz und Pfeffer abschmecken. Während der letzten Min. den Risotto ständig kräftig durchrühren, damit er nicht anbrennt.

Resteverwertung

Reste kann man in Olivenöl in einer Pfanne knusprig anbraten, diese dabei flach drücken, so dass eine Art **Risotto-Pfannkuchen** entsteht. Mit Hilfe eines Tellers wenden und fertig braten.

Spezialität aus Spanien **Kartoffel-Tortilla**

Für 4 Personen:
400 g vorwiegend fest kochende Kartoffeln
3–4 EL Olivenöl
1 große Zwiebel / Salz / 8 Eier

Pro Person: unter 1 €
Zubereitungszeit: ca. 30 Min.
Pro Portion: ca. 315 kcal

1 Die Kartoffeln waschen, schälen und sehr klein würfeln. 2 EL Olivenöl in einer beschichteten Pfanne erhitzen, die Kartoffeln darin bei mittlerer Hitze ca. 5 Min. braten.

2 Die Zwiebel schälen, fein hacken, unter die Kartoffeln mischen und halb zugedeckt ca. 3 Min. garen. Die Pfanne vom Herd nehmen. Die Kartoffel-Zwiebel-Mischung in eine Schüssel geben und mit etwas Salz bestreuen.

3 Die Eier schaumig schlagen und salzen. Unter die Kartoffeln mischen. Das restliche Öl in der Pfanne erhitzen, die Eiermasse hineingießen. Sobald die Eier zu stocken beginnen, etwas durchrühren und zu einem Kuchen formen.

4 Wenn die Tortilla auf der Unterseite leicht angebraten ist, mit Hilfe von zwei Tellern wenden, wieder in die Pfanne gleiten lassen und fertig backen. Dazu passt Mayonnaise zum Dippen.

Resteverwertung

Die kalten Reste auf Toastbrotgröße zurechtschneiden. Toastbrot rösten, mit jeweils 1 EL Mayonnaise bestreichen und mit Tortilla belegen – fertig ist ein authentisch spanisches **Tortilla-Sandwich.**

blitzschnell Kräuterrührei mit Bruschetta

Für 2 Personen:
1 Zwiebel
200 g Tomaten
1 Hand voll Basilikumblätter
5 Zweige frische Kräuter
(z. B. Petersilie, Schnittlauch, Thymian)
5 Eier
100 g Sahnequark (40 %)
Salz / Pfeffer
4 fingerdicke Scheiben Weißbrot
2 EL Olivenöl
1 TL Butter

Pro Person: unter 1 €
Zubereitungszeit: ca. 15 Min.
Pro Portion: ca. 655 kcal

1 Die Zwiebel schälen und fein würfeln. Die Tomaten waschen und ebenfalls fein würfeln, dabei die Stielansätze entfernen. Die Basilikumblätter waschen und trockentupfen. Den Backofen auf die höchste Stufe vorheizen.

2 Die Kräuter waschen, trockenschütteln und fein hacken. Die Eier mit dem Quark und den Kräutern gründlich verquirlen. Salzen und pfeffern. Die Weißbrotscheiben mit dem Olivenöl beträufeln und im heißen Backofen in ca. 5 Min. knusprig rösten.

3 Inzwischen die Butter in einer beschichteten Pfanne erhitzen, die Zwiebel darin bei mittlerer Hitze glasig dünsten. Die Eier-Quark-Mischung dazugeben und kurz stocken lassen, dann in der Pfanne verrühren und ca. 3 Min. braten.

4 Die Tomaten auf den Brotscheiben verteilen, salzen, pfeffern und mit den Basilikumblättern bestreuen. Zum Rührei servieren.

Sparvariante

Da auch Energie Geld kostet: Statt Weißbrot **Toastbrot** nehmen, dieses im Toaster rösten, dann erst mit dem Olivenöl beträufeln und mit Tomaten und Basilikum belegen.

1

2

3

für Gäste Gefüllte Strudeltaschen

(im Bild vorne)

Für 4 Personen:
4 vorgegarte Rote Beten
(700 g, in Folie eingeschweißt)
2 Eier | 75 g Crème fraîche
1/2 TL Meerrettich | Salz | Pfeffer
1 Packung Strudelteig
(100 g, aus dem Kühlregal)
2 EL neutrales Pflanzenöl

Pro Person: unter 1,50 €
Zubereitungszeit: ca. 30 Min.
Pro Portion: ca. 280 kcal

1 Die Roten Beten fein würfeln und in eine Schüssel geben. 1 Ei mit der Crème fraîche, dem Meerrettich, Salz und Pfeffer verrühren und mit den Betewürfeln vermischen. Den Strudelteig auf einem feuchten Küchentuch ausbreiten und vierteln. Das restliche Ei verquirlen und die Teigviertel damit bestreichen **(Step 1)**. Je ein Viertel der Gemüsemischung auf die Teigblätter geben und den Teig darüber wie ein Päckchen zusammenfalten **(Step 2)**.

2 Das Öl in einer Pfanne erhitzen. Die Päckchen mit der Falzseite nach unten vorsichtig in die Pfanne setzen und bei schwacher Hitze goldbraun braten **(Step 3)**, wenden und fertig braten. Dazu passt eine Sauerrahmcreme mit Meerrettich und fein gehackten frischen Kräutern.

Tauschbörse

Wenn Sie keinen fertigen Strudelteig bekommen, nehmen Sie stattdessen **Filo-** oder **Yufkateig** (aus dem griechischen bzw. türkischen Lebensmittelgeschäft). Statt Roten Beten können Sie auch **Sellerie, Kürbis** oder **Petersilienwurzeln** nehmen. Das Gemüse schälen, würfeln und in etwas Butter in ca. 10 Min. weich schmoren. Dann wie die Roten Beten weiterverarbeiten.

vegetarisch Gemüsepfannkuchen

(im Bild hinten)

Für 4 Personen:
200 g Mehl | 200 ml Milch | 2 Eier
2–3 EL Mineralwasser | Salz | Pfeffer
2–3 TL Butter | 200 g grüne Bohnen
1 Zwiebel | 300 g Möhren
200 g TK-Erbsen | 2 EL Sahne
1 Prise frisch geriebene Muskatnuss
200 g Emmentaler, frisch gerieben

Pro Person: unter 1 €
Zubereitungszeit: ca. 30 Min.
Pro Portion: ca. 550 kcal

1 Das Mehl in eine Schüssel schütten, mit dem Schneebesen nach und nach Milch und Eier unterrühren. So viel Mineralwasser untermischen, bis ein glatter Teig entsteht. Salzen und pfeffern. 1 TL Butter in einer großen, flachen Pfanne zerlassen, dann darin nacheinander 8 hauchdünne Pfannkuchen backen. Die Pfanne nicht abspülen.

2 Die Bohnen waschen, putzen und halbieren, die Zwiebel schälen und klein würfeln. Die Möhren putzen, schälen und grob raspeln. In einer Pfanne 1–2 TL Butter zerlassen. Die Bohnen darin bei mittlerer Hitze ca. 10 Min. dünsten. Dann die Zwiebel, die Möhren, die Erbsen und die Sahne dazugeben und alles weitere 5 Min. zugedeckt schmoren, dabei immer wieder umrühren. Mit Salz, Pfeffer und Muskat abschmecken. Vom Herd nehmen, 100 g Emmentaler untermischen.

3 Je ein Achtel der Gemüsemischung in die Mitte eines Pfannkuchens geben. Die Crêpes über der Füllung zusammenfalten und in die Pfannkuchen-Pfanne setzen. Den restlichen Käse darüber streuen. Die Pfannkuchen bei geschlossenem Deckel auf dem Herd bei mittlerer Hitze ca. 3 Min. nachgaren lassen, bis der Käse zu verlaufen beginnt.

Klassiker auf neue Art **Kartoffel-Zucchini-Puffer**

(im Bild hinten)

Für 4 Personen:

1 Bund frische Kräuter (z. B. Estragon, Sauerampfer, Brunnenkresse)
500 g Magerjoghurt / 1 TL mittelscharfer Senf
1 TL Zitronensaft / Salz / Pfeffer
Korianderpulver (nach Belieben)
1,2 kg mehlig kochende Kartoffeln
800 g Zucchini / 2 Eier
2–3 EL neutrales Pflanzenöl

Pro Person: unter 1 €
Zubereitungszeit: ca. 30 Min.
Pro Portion: ca. 345 kcal

1 Die Kräuter waschen, trockenschütteln und fein hacken. Den Joghurt mit den Kräutern, dem Senf und dem Zitronensaft vermischen. Mit Salz, Pfeffer und Koriander abschmecken. Den Dip bis zum Servieren kalt stellen.

2 Die Kartoffeln schälen und waschen, die Zucchini waschen und putzen. Kartoffeln und Zucchini auf der Gemüsereibe fein raspeln und in eine große Schüssel füllen. Die Eier darunter rühren, mit Salz und Pfeffer würzen.

3 Das Öl in einer beschichteten Pfanne erhitzen. Mit den Händen aus der Kartoffelmasse flache, handtellergroße Fladen formen. Die Puffer portionsweise in dem Öl bei mittlerer Hitze ca. 3 Min. von beiden Seiten goldbraun braten. Auf Küchenpapier abtropfen lassen. Evtl. im Backofen bei 50° warm halten, bis alle Puffer fertig sind. Die Puffer mit dem Dip servieren.

Tauschbörse

Statt Joghurtdip können Sie auch fertige **Würzsaucen** aus dem Feinkostregal anbieten. Kinder essen die Kartoffel-Zucchini-Puffer oft am liebsten einfach mit **Ketchup.**

macht was her **Teigtaschen mit Möhrencreme**

(im Bild vorne)

Für 4 Personen:

6 Platten TK-Blätterteig (ca. 450 g)
1 Frühlingszwiebel
5 schwarze Oliven ohne Stein (ca. 30 g, aus dem Glas)
100 g Magerquark / 6 EL Olivenöl
1 EL getrockneter Majoran
70 g gemahlene Haselnüsse / Salz / Pfeffer
1 Ei / 1/2 Bund glatte Petersilie / 500 g Möhren
100 g Vollmilchjoghurt / 1 EL Zitronensaft

Pro Person: unter 1,50 €
Zubereitungszeit: ca. 30 Min.
Backzeit: ca. 25 Min.
Pro Portion: ca. 795 kcal

1 Die Blätterteigplatten zum Auftauen nebeneinander legen. Die Frühlingszwiebel putzen, waschen und fein würfeln. Die Oliven fein hacken. Den Quark mit Öl, Majoran, den Nüssen, der Frühlingszwiebel und den Oliven vermengen, salzen und pfeffern. Das Ei verquirlen. Die aufgetauten Blätterteigplatten einzeln ungefähr auf die doppelte Größe ausrollen, mit verquirltem Ei bestreichen und halbieren.

2 Den Ofen auf 200° vorheizen. Jeweils etwas von der Quarkfüllung in die Mitte der Teigstücke setzen. Den Teig diagonal zusammenklappen und festdrücken. Mit dem restlichen Ei bestreichen. Im heißen Ofen (Mitte, Umluft 180°) in ca. 20–25 Min. goldbraun backen.

3 Inzwischen für das Püree die Petersilie waschen und trockenschütteln, die Blättchen fein hacken. Die Möhren putzen, schälen, würfeln und in 60 ml Wasser bei mittlerer Hitze ca. 10 Min. garen. Die Petersilie dazugeben und alles pürieren. Den Joghurt unterrühren. Mit Zitronensaft, Salz und Pfeffer abschmecken.

vegetarisch **Ricottaknödel**

Für 2 Personen:
2 Eier
2 Eigelbe
250 g Ricotta
(ersatzweise Hüttenkäse)
110 g Mehl
180 g Parmesan, frisch gerieben
Salz
1 Prise frisch geriebene Muskatnuss

Pro Person: unter 2 €
Zubereitungszeit: ca. 15 Min.
Ruhezeit: ca. 30 Min.
Pro Portion: ca. 910 kcal

1 Die Eier und Eigelbe in einer Schüssel verquirlen, den Ricotta gründlich unterrühren (Hüttenkäse vorher durch ein Sieb streichen). Das Mehl und 80 g Parmesan darunter mischen und mit Salz und 1 Prise Muskatnuss abschmecken. Den Teig ca. 30 Min. zugedeckt ruhen lassen.

2 In einem großen Topf reichlich Wasser aufkochen lassen, salzen, die Hitze zurückschalten – das Wasser darf nicht mehr kochen. Mit zwei Teelöffeln aus dem Teig ein Probeklößchen formen und hineingeben – falls das Klößchen zerfällt, noch etwas Mehl unter den Teig rühren.

3 Die Klößchen portionsweise in das siedende Salzwasser geben und ca. 3 Min. ziehen lassen. Mit einem Schaumlöffel herausheben, gut abtropfen lassen und mit dem restlichen Parmesan und nach Belieben zerlassener Butter servieren. Dazu passt ein frischer grüner Blattsalat.

Klassiker auf neue Art

Mangoldnocken

Für 2 Personen:
200 g Weißbrot | 200 ml Milch
1 Zwiebel | 500 g Mangold | 5 EL Butter
3 Eier | Salz | Pfeffer
1 Prise frisch geriebene Muskatnuss
100 g Parmesan, frisch gerieben

Pro Person: unter 2 €
Zubereitungszeit: ca. 30 Min.
Zeit zum Einweichen: ca. 30 Min.
Pro Portion: ca. 845 kcal

1 Vom Weißbrot die Rinde entfernen, Brot in dünne Scheiben schneiden und in eine Schüssel füllen. Die Milch erhitzen, das Brot damit übergießen und zugedeckt 30 Min. einweichen.

2 Inzwischen die Zwiebel schälen und klein würfeln. Den Mangold waschen, putzen und in ca. 1 cm breite Streifen schneiden. Die Zwiebel in 1 EL Butter glasig dünsten. Den Mangold dazugeben, ca. 4 Min. mitdünsten, dann in einem Sieb abtropfen lassen und im Topf pürieren. Das eingeweichte Brot, den Mangold und die Eier mit den Händen vermischen. Mit Salz, Pfeffer und Muskat würzen.

3 In einem großen Topf reichlich Wasser zum Kochen bringen, salzen. Mit zwei Esslöffeln aus dem Teig Nocken abstechen und im siedenden Wasser ziehen lassen, bis sie an die Oberfläche steigen. Mit einem Schaumlöffel herausheben und abtropfen lassen. Die restliche Butter zerlassen. Die Nocken mit der Butter und dem Parmesan servieren. Dazu passt Tomatensauce oder -salat.

Resteverwertung

Die Nocken in Scheiben schneiden. Zuerst in 1 verquirlten Ei, dann in Semmelbröseln wenden. In etwas Butter bei schwacher Hitze von beiden Seiten knusprig braun braten. Dazu schmeckt ein **Dip** aus 200 g saurer Sahne und frisch gehackten Kräutern.

1

2

3

schmeckt warm oder kalt Arme Ritter mit Orange und Thymian

(im Bild rechts)

Für 2 Personen:
2 unbehandelte Orangen
225 g Zucker / 200 ml Milch / 150 g Sahne
3 Eier / 4 Scheiben Toastbrot
50 ml Weißwein
(ersatzweise weißer Traubensaft)
3 Zweige frischer Thymian
Fett für die Form

Pro Person: unter 1,50 €
Zubereitungszeit: ca. 15 Min.
Backzeit: ca. 40 Min.
Pro Portion: ca. 1045 kcal

1 Die Orangen heiß waschen, abtrocknen und die Schale abreiben. Dann die Orangen mit einem scharfen Messer so schälen, dass auch die weiße Haut entfernt wird. Die Filets zwischen den Häuten mit einem Messer herausschneiden **(Step 1)**.

2 75 g Zucker, die Milch, 100 g Sahne, die Eier und die abgeriebene Orangenschale mit dem Schneebesen zu einer glatten Creme verrühren **(Step 2)**. Eine Gratinform fetten. Den Backofen auf 180° vorheizen.

3 Die Toastbrotscheiben nebeneinander in die Form legen, mit den Orangenfilets belegen und die Milchmasse darüber gießen **(Step 3)**. Im heißen Backofen (Mitte, Umluft 160°) ca. 40 Min. gratinieren.

4 Den Thymian waschen und trockenschütteln. Für die Sauce den restlichen Zucker in einer beschichteten Pfanne schmelzen lassen, mit der restlichen Sahne und dem Wein ablöschen. Die Thymianzweige dazugeben, noch einmal aufkochen lassen. Durch ein Sieb streichen und zu den Armen Rittern servieren.

für kalte Tage Semmelschmarren

(im Bild links)

Für 2 Personen:
3 altbackene Brötchen vom Vortag
1/4 l Milch
1 Päckchen Vanillezucker
2 Eier
3 EL Butter
2 EL Zucker
1/2 TL Zimtpulver

Pro Person: unter 1 €
Zubereitungszeit: ca. 15 Min.
Zeit zum Einweichen: ca. 20 Min.
Pro Portion: ca. 565 kcal

1 Die Brötchen halbieren, die Hälften quer in dünne Scheiben schneiden und in eine Schüssel geben. In einem Topf die Milch mit der Vanille leicht erwärmen, vom Herd nehmen. Die Vanillemilch mit den Eiern verquirlen und über die Brötchen gießen. Zugedeckt 20 Min. ziehen lassen.

2 In einer Pfanne (möglichst keine mit empfindlicher Beschichtung) die Butter schmelzen lassen. Die Brötchenmasse dazugeben und bei mittlerer Hitze ca. 3 Min. ohne Umrühren stocken lassen. Mit zwei Gabeln in große Stücke reißen, in ca. 2 Min. goldbraun braten, wenden und weitere 3 Min. braten.

3 Den Zucker und den Zimt mischen und über den Semmelschmarren streuen. Dazu passt Apfelmus oder Obstkompott.

Luxusvariante

Kurz vor dem Servieren 5 cl hochprozentigen **Rum** über den Semmelschmarren gießen. Vorsichtig anzünden und flambiert servieren.

ganz einfach Quarkauflauf mit Kirschen

Für 4 Personen:
1 großes Glas gezuckerte, entsteinte Kirschen (700 g)
2 Eier / 600 g Magerquark
1–2 EL Honig / 100 g Mehl
1 TL Backpulver
Zimtpulver (nach Belieben)
Salz
1–2 EL Mandelblättchen
Fett für die Form

Pro Person: unter 1 €
Zubereitungszeit: ca. 15 Min.
Backzeit: ca. 1 Std.
Pro Portion: ca. 375 kcal

1 Die Kirschen abtropfen lassen. Die Eier trennen. Die Eigelbe mit dem Quark und dem Honig in einer Schüssel gründlich verrühren. Das Mehl mit dem Backpulver mischen und unterrühren. Die Kirschen unterheben. Nach Geschmack mit Zimt würzen.

2 Eine hohe feuerfeste Form einfetten. Den Backofen auf 200° vorheizen. Die Eiweiße mit 1 Prise Salz sehr steif schlagen und vorsichtig unter die Quarkmasse ziehen. In die Form füllen und mit den Mandelblättchen bestreuen. Den Auflauf im heißen Ofen (Mitte, Umluft 180°) ca. 50–60 Min. backen. Dazu passt Vanillesauce.

Tauschbörse

Aufwändiger, aber dafür noch feiner wird der Auflauf mit frischem Obst: z. B. **Zwetschgen, Pfirsichen** oder **Aprikosen.** Das Obst entsteinen, würfeln und weiterverarbeiten wie oben beschrieben.

fruchtig Apfel-Crespelle

Für 4 Personen:
225 g Mehl / 300 ml Milch
5 Eier (Größe M) / Salz
3 säuerliche Äpfel (ca. 450 g)
3 EL Zitronensaft
4 EL Zucker / 1/2 TL Zimtpulver
3–4 EL Butter
2 EL Puderzucker

Pro Person: unter 1 €
Zubereitungszeit: ca. 20 Min.
Backzeit: ca. 15 Min.
Pro Portion: ca. 555 kcal

1 Das Mehl mit der Milch, den Eiern und 1 Prise Salz zu einem glatten Teig verquirlen und zugedeckt beiseite stellen. Den Backofen auf 200° vorheizen. Die Äpfel schälen, vierteln und in kleine Würfel schneiden, dabei die Kerngehäuse entfernen. Die Apfelstückchen sofort mit dem Zitronensaft beträufeln und durchmischen. Den Zucker und den Zimt vermischen.

2 Den Teig noch einmal durchrühren und auf ein mit Backpapier belegtes Backblech gießen. Im heißen Backofen (Mitte, Umluft 180°) ca. 5 Min. backen.

3 Die Butter in einer Pfanne zerlassen und die Äpfel darin bei mittlerer Hitze ca. 2 Min. anbraten. Dann Zimt und Zucker darüber geben und alles 2 Min. weiterbraten.

4 Den Teig aus dem Backofen nehmen, die Zimtäpfel darauf verteilen. Den Teigfladen längs über der Apfelfüllung zusammenschlagen, so dass eine längliche Rolle entsteht. Im heißen Ofen (Mitte) weitere ca. 10 Min. backen. Zum Servieren in ca. 5 cm dicke Scheiben schneiden. Den Puderzucker darüber sieben. Dazu passt Vanillesauce oder -eis.

Tauschbörse

Die süßen Crespelle schmecken auch gut mit **Aprikosen, Birnen** oder sehr reifen **Nektarinen.**

Einmal kochen, zweimal genießen

Timing ist alles

Vorausplanung zahlt sich aus! Scheuen Sie sich nicht davor, Vorräte anzulegen. Großpackungen sind billiger als Singleportionen. Einmal monatlich im Großmarkt einkaufen, für den nächsten Tag gleich mitkochen oder größere Mengen einfrieren heißt Zeit und Geld sparen.

Clever planen

Kochen Sie für den nächsten Tag gleich mit, so sparen Sie viel Zeit. Meist macht die doppelte Menge eines Gerichts nicht die doppelte Arbeit. Andererseits: Wer will schon jeden Tag das Gleiche essen? Mit wenigen zusätzlichen Zutaten lassen sich Reste vom Vortag geschmacklich verändern und raffiniert weiterverarbeiten. Mit den Rezeptideen in diesem Kapitel schmeckt's am 2. Tag genauso gut und trotzdem anders!

Kochen wie für die Großfamilie

Machen Sie einen Bogen um Singleportionen – je größer die Packung oder Dose, desto besser das Preis-Leistungs-Verhältnis! Kaufen und kochen Sie lieber mehr und nutzen Sie Ihre Tiefkühltruhe. Besonders gut eignen sich Nudelsaucen oder Schmorgerichte und Suppen zum Einfrieren. Nach Belieben portionsweise tiefkühlen lassen sich Gemüse wie grüne Bohnen, Brokkoli, Blumenkohl, Sellerie oder Kürbis: Einfach vorher in mundgerechte Stücke teilen, kurz in kochendem Wasser blanchieren und gut abtropfen lassen. Weniger gut geeignet sind Gemüse, die sehr viel Wasser enthalten, wie Zucchini, Paprikaschoten oder Pilze. Diese sollten nur fertig zubereitet in Ihre Kühltruhe wandern.

Erst denken, dann kochen

Lesen Sie die Rezepte immer vorher gründlich und vollständig durch. Kontrollieren Sie, ob Sie alle Zutaten und Gerätschaften bereit haben. Stellen Sie die Zutaten, Töpfe oder Pfannen und evtl. die Servierschüsseln schon mal bereit. Wenn der Backofen vorheizen muss – rechtzeitig einschalten, das erspart Ihnen später unnötigen Leerlauf.

Machen Sie einen Plan!

Gewöhnen Sie sich an, vor dem eigentlichen Kochvorgang zuerst alle Schnippelarbeiten zu erledigen. Das erspart Ihnen die Panik, vor einer Pfanne mit brodelndem Fett zu stehen und erst dann festzustellen, dass Sie darin Zutaten braten sollen, die noch ungeschält und unzerlegt im Kühlschrank warten. Nutzen Sie lange Wartezeiten – etwa wenn das Fleisch oder der Auflauf im Ofen schmort –, um die Beilagen vorzubereiten, den Tisch zu decken oder Getränke bereitzustellen.

Clever arbeiten

Wenn Sie Abspülorgien verhindern wollen, nutzen Sie das Verpackungsmaterial, z. B. die Styroporschale vom Fleisch, die aufgerissene Papiertüte vom Gemüse usw., um Ihre zerkleinerten Zutaten zwischenzulagern! Schalen, Kerne, welke Blätter kommen direkt in die Mülltüte – oder besser auf den Kompost. Räumen Sie alles, was Sie nicht mehr brauchen, sofort weg – Geschirr in die Spüle oder in die Spülmaschine, die Zutaten in den Kühlschrank oder Küchenschrank.

Das Wichtigste: Kochen soll Spaß machen!

Legen Sie Ihre Lieblings-CD ein (ein Radio oder CD-Player gehört unter die Top 3 der elektrischen Küchenhelfer!), trinken Sie ein Glas Prosecco oder was Ihnen sonst gut schmeckt, holen Sie sich, wenn möglich, Gesellschaft zur Unterhaltung und – im Idealfall – für kleine Küchendienste zwischendurch. Betrachten Sie die Zubereitung der Speisen nicht als lästige Vorarbeit für den angenehmen Teil des Abends, sondern als Teil des Vergnügens.

mediterran

Vitello tonnato

(im Bild hinten)

Für 4 Personen:

3 ganz frische Eigelbe
1 EL Zitronensaft
150 ml Olivenöl
3 Dosen naturell eingelegter Tunfisch (à 200 g)
50 g Kapern
Salz / Pfeffer
400 g Kalbsbraten in dünnen Scheiben (ersatzweise Putenbrust)

Pro Person/Tag: unter 1,50 €
Zubereitungszeit: ca. 15 Min.
Pro Portion: ca. 385 kcal

1 Die frischen Eigelbe und den Zitronensaft mit einem Schneebesen kräftig verrühren. Das Olivenöl erst tropfenweise, dann in einem dünnen Strahl langsam unterrühren, bis eine dicke, cremige Masse entstanden ist.

2 Den Tunfisch in einen hohen Becher füllen, mit dem Pürierstab pürieren und unter die Mayonnaise rühren. Die Kapern ebenfalls unterrühren. Die Tunfischmayonnaise mit Salz und Pfeffer abschmecken.

3 Die Bratenscheiben dachziegelartig auf einer großen Platte anrichten. Die Hälfte der Sauce über das Fleisch geben, die andere Hälfte für den 2. Tag (siehe rechts) zugedeckt im Kühlschrank aufbewahren.

Clever zubereiten

Für die **Mayonnaise** müssen alle Zutaten **Zimmertemperatur** haben, damit sich Eigelb und Öl zu einer feincremigen Masse verbinden. Verwenden Sie nur **ganz frische Eier,** da diese roh verarbeitet werden. Am besten gelingt das Verrühren der Zutaten in einer schweren Porzellanschüssel.

... und das gibt's am 2. Tag

Gemüse mit Tunfischdip

(im Bild vorne)

Für 4 Personen zusätzlich:

1 Salatgurke
3 grüne Paprikaschoten
8 Möhren (ca. 400 g)
2 Stauden Chicorée (ca. 300 g)
6 Stangen Staudensellerie (ca. 600 g)

Zubereitungszeit: ca. 15 Min.
Pro Portion: ca. 285 kcal

1 Die Gurke waschen und schälen. Die Paprika waschen, halbieren und putzen. Die Möhren putzen und schälen. Die Gurke, die Paprika und die Möhren in fingerlange Stifte schneiden.

2 Die Strünke aus den Chicoréestauden keilförmig herausschneiden, die Blätter auseinander lösen, waschen und trockenschütteln. Die Selleriestangen waschen, putzen und längs halbieren, die Blättchen entfernen.

3 Das Gemüse und die Chicoréeblätter nach Belieben auf einer großen Platte anrichten. Die Tunfischmayonnaise als Dip dazureichen.

Tauschbörse

Das Gemüse mit Tunfischdip ist ein knackig-gesunder Snack oder passender Auftakt für ein italienisches Menü. Soll die zweite Hälfte des Tunfischdips einmal Teil eines **Hauptgerichts** werden, mit »al dente« gegarten bunten **Farfalle** (Schmetterlingsnudeln) anrichten und nach Belieben mit etwas abgeriebener Schale von 1 unbehandelten Zitrone bestreuen.

vegetarisch

Salbeibohnen

(im Bild hinten)

Für 4 Personen:
6 Dosen weiße Bohnen (à 400 g)
20 frische Salbeiblätter
150 ml Olivenöl / Salz / Pfeffer
2 rote Zwiebeln / 2 Knoblauchzehen
1 EL Aceto Balsamico

Pro Person/Tag: unter 1 €
Zubereitungszeit: ca. 15 Min.
Pro Portion: ca. 285 kcal

1 Die Bohnen in ein Sieb abgießen, abtropfen lassen und in eine Schüssel geben. Die Salbeiblätter waschen, trockentupfen und in Streifen schneiden. Das Olivenöl bis auf 1 EL in einer beschichteten Pfanne erhitzen und den Salbei darin ca. 1 Min. frittieren.

2 Die Öl-Salbei-Mischung über die Bohnen gießen. Die Pfanne nicht abspülen! Den Salat mit Salz und Pfeffer abschmecken. Eine Hälfte für den 2. Tag (siehe rechts) zugedeckt im Kühlschrank aufbewahren.

3 Die Zwiebeln und den Knoblauch schälen. Die Zwiebeln in Ringe schneiden. Den Knoblauch fein hacken. Das restliche Öl in der Salbei-Pfanne erhitzen. Zwiebeln und Knoblauch darin bei starker Hitze scharf anbraten. Dann mit 1 EL Aceto Balsamico ablöschen. Alles unter den Bohnensalat mischen.

Luxusvariante

Wenn im Sommer frische, **vollreife Tomaten** günstig zu haben sind, lässt sich dieses toskanische Rezept ganz einfach aufpeppen: 500 g vollreife Tomaten mit kochendem Wasser überbrühen und häuten. Die Tomaten entkernen und klein würfeln, dabei die Stielansätze entfernen. Unter die Bohnen mischen und mit der Öl-Salbei-Mischung begießen.

... und das gibt's am 2. Tag

Bohnenbällchen

(im Bild vorne)

Für 4 Personen zusätzlich:
5 Zweige glatte Petersilie
3 Eier
1 Msp. Kurkumapulver
130 g Kartoffelstärke
Salz
Pfeffer

Zubereitungszeit: ca. 25 Min.
Pro Portion: ca. 455 kcal

1 Die Petersilie waschen und trockenschütteln. Die Blättchen abzupfen und grob hacken. Den Bohnensalat vom Vortag mit der Petersilie, den Eiern und 1 Msp. Kurkumapulver fein pürieren. Die Kartoffelstärke darunter mischen. Mit Salz und Pfeffer würzen.

2 In einem großen Topf reichlich Wasser aufkochen lassen, salzen. Mit zwei Esslöffeln aus dem Teig Nocken abstechen, die Löffel zwischendurch immer wieder kalt abspülen. Die Nocken ins siedende Wasser gleiten lassen.

3 Die Bohnenbällchen bei schwacher Hitze ca. 5 Min. ziehen lassen, bis sie an die Oberfläche steigen. Mit einem Schaumlöffel herausheben und abtropfen lassen. Die Bällchen schmecken warm oder kalt. Dazu passen ein grüner Blattsalat und süße Chilisauce aus dem Asienladen.

asiatisch **Gemüse-Nudel-Wok**

(im Bild vorne)

Für 4 Personen:
200 g asiatische Eiernudeln | Salz
1 Glas Sojabohnensprossen (180 g)
2 Knoblauchzehen | 3 bunte Paprikaschoten
800 g Zucchini | 1 Chinakohl (ca. 800 g)
4 Frühlingszwiebeln
3 Zweige Koriandergrün
2 EL neutrales Pflanzenöl
2 TL grüne Currypaste (Asienladen)
100 ml Gemüsebrühe (Instant)
2–3 EL helle Sojasauce

Pro Person/Tag: unter 2 €
Zubereitungszeit: ca. 30 Min.
Pro Portion: ca. 255 kcal

1 Die Nudeln in 3 l kochendem Salzwasser nach Packungsanweisung bissfest garen. In ein Sieb abgießen, kalt abschrecken und abtropfen lassen. Nach Belieben mit der Küchenschere etwas kleiner schneiden.

2 Die Sojasprossen abtropfen lassen. Den Knoblauch schälen und fein hacken. Die Paprika waschen, halbieren, putzen und in Streifen schneiden. Die Zucchini waschen, putzen, je nach Größe längs halbieren oder vierteln und in ca. 1 cm dicke Scheiben schneiden. Vom Chinakohl die äußeren, welken Blätter entfernen, den Strunk keilförmig herausschneiden. Den Kohl längs vierteln, quer in feine Streifen schneiden, waschen und abtropfen lassen. Die Frühlingszwiebeln putzen, waschen und in Ringe schneiden. Koriander waschen und trockenschütteln, die Blättchen abzupfen.

3 Das Öl im Wok (oder in einer großen Pfanne) erhitzen, die Currypaste darin unter Rühren 2 Min. scharf anbraten. Den Knoblauch und die Paprika dazugeben, unter ständigem Rühren 1–2 Min. mitbraten. Zucchini, Chinakohl, Frühlingszwiebeln und Sprossen dazugeben und alles 2–3 Min. bei mittlerer Hitze pfannenrühren. Die Hälfte des Gemüses aus dem Wok nehmen, abkühlen lassen und für den 2. Tag (siehe unten) zugedeckt im Kühlschrank aufbewahren.

4 Die Gemüsebrühe zum Gemüse im Wok gießen, einmal aufkochen lassen. Die Nudeln untermischen und alles mit der Sojasauce würzen. Mit den Korianderblättchen bestreut servieren.

… und das gibt's am 2. Tag

Gemüsecurry mit Reis

(im Bild hinten)

Für 4 Personen zusätzlich:
250 g Basmatireis | Salz
1 Dose ungesüßte Kokosmilch (400 ml)
3 Zweige frisches Thai-Basilikum (Asienladen; ersatzweise normales Basilikum)
thailändische Fischsauce (Asienladen)
Saft von 1/2 Limette

Zubereitungszeit: ca. 25 Min.
Pro Portion: ca. 295 kcal

1 Den Reis mit 1 Prise Salz in 500 ml Wasser einmal aufkochen lassen und zugedeckt ca. 20 Min. auf der warmen Herdplatte ausquellen lassen.

2 In einer großen Pfanne das Gemüse vom Vortag und die Kokosmilch einmal aufkochen lassen. Bei schwacher Hitze offen ca. 5 Min. köcheln lassen. Inzwischen das Basilikum waschen, trockenschütteln und fein hacken. Das Curry mit der Fischsauce und dem Limettensaft abschmecken, das Basilikum darüber streuen. Mit dem Basmatireis servieren.

Luxusvariante

Noch besser schmeckt das Curry, wenn Sie 3 sehr fein geschnittene **Kaffir-Limettenblätter** mitkochen – gibt es ebenfalls im Asienladen, und die Blätter lassen sich sehr gut einfrieren!

ilit

kalorienarm Spargel mit Dip

(im Bild vorne)

Für 2 Personen:
1 1/2 kg weißer Spargel
Salz | Zucker | 1 TL Butter
Für den Dip:
2 hart gekochte Eier
150 g Magerjoghurt | 50 g Crème fraîche
1 TL mittelscharfer Senf
1 Kästchen Kresse | Pfeffer

Pro Person/Tag: unter 2 €
Zubereitungszeit: ca. 25 Min.
Pro Portion: ca. 275 kcal

1 Den Spargel waschen, schälen und die holzigen Enden abschneiden. In einem großen Topf reichlich Wasser aufkochen lassen, etwas Salz, 1 Prise Zucker und 1 TL Butter hinzufügen. Den Spargel hineingeben, die Hitze herunterschalten und den Spargel in 8–10 Min. bissfest garen.

2 Für den Dip die hart gekochten Eier pellen und klein würfeln. Den Magerjoghurt mit der Crème fraîche, dem Senf und den Eiern in einer Schüssel verrühren. Die Kresse abbrausen, trockenschütteln, vom Beet in die Schüssel schneiden und ebenfalls unterrühren. Mit Salz und Pfeffer würzen.

3 Den Spargel abgießen und abtropfen lassen. Dabei die Brühe auffangen (siehe Tipp). Die eine Hälfte des Spargels mit dem Dip servieren. Die andere Hälfte abkühlen lassen und für den 2. Tag (siehe rechts) zugedeckt im Kühlschrank aufbewahren.

Dipvariante
Wer es statt cremig-mild lieber säuerlich-scharf mag, reicht zum Spargel eine **Eier-Vinaigrette**: Für 2 Portionen 1 Kästchen Kresse und 1/2 Bund Schnittlauch waschen und trockenschütteln, die Kresse vom Beet, den Schnittlauch in Röllchen schneiden. 3 Radieschen waschen, putzen und in feine Stifte schneiden. 2 hart gekochte Eier pellen und grob hacken. 1 EL Rotweinessig, 2 EL Olivenöl, 1/2 TL mittelscharfen Senf, etwas Salz, Pfeffer und ca. 40 ml Spargelsud mit einem Schneebesen kräftig aufschlagen. Die Kresse, den Schnittlauch, die Radieschen und die Eier unterrühren und über den Spargel geben.

Luxusvariante
Wer mag, kann dazu noch rohen oder gekochten **Schinken** in feinen Scheiben reichen.

Clever genießen
Heben Sie die **Spargelbrühe** auf – Sie können sie als Brühe für ein feines Spargelrisotto verwenden oder, mit Sahne verfeinert, als Suppe servieren. Die Spargelbrühe lässt sich auch prima einfrieren.

... und das gibt's am 2. Tag

Gratinierter Spargel

(im Bild hinten)

Für 2 Personen zusätzlich:
200 g Edamer, grob gerieben
2 EL Butter
Fett für die Form

Zubereitungszeit: ca. 5 Min.
Backzeit: ca. 10 Min.
Pro Portion: ca. 385 kcal

1 Den Backofen auf 200° vorheizen. Eine feuerfeste Form fetten. Den Spargel vom Vortag in die Form schichten. Den grob geriebenen Käse darüber streuen, die Butter in Flöckchen darauf verteilen.

2 Den Spargel im heißen Backofen (Mitte, Umluft 180°) ca. 10 Min. gratinieren, bis der Käse zu bräunen beginnt. Nach Belieben mit frischem Baguette servieren.

1

2

3

macht was her **Puten-Involtini**

(im Bild rechts)

Für 4 Personen:
500 g Blattspinat | 4 Frühlingszwiebeln
8 dünne Putenschnitzel (à ca. 100 g)
Salz | Pfeffer | 100 g Doppelrahm-Frischkäse
4 EL Olivenöl
100 ml Weißwein (ersatzweise Fleischbrühe)
100 ml Fleischbrühe (Instant)
1–1/2 EL Crème fraîche
Außerdem:
Holzzahnstocher

Pro Person/Tag: unter 2 €
Zubereitungszeit: ca. 40 Min.
Pro Portion: ca. 425 kcal

1 Den Spinat gründlich waschen und verlesen, dabei die Stiele entfernen. Die Spinatblätter tropfnass in einem großen Topf erhitzen und zugedeckt in ca. 5 Min. zusammenfallen lassen. Inzwischen die Frühlingszwiebeln putzen, waschen und in feine Ringe schneiden. Den Spinat abgießen. Die eine Hälfte auskühlen lassen und für den 2. Tag (siehe rechts) zugedeckt im Kühlschrank aufbewahren, die andere Hälfte ausdrücken und auf Küchenpapier auslegen.

2 Die Schnitzel mit Salz und Pfeffer würzen. Jeweils dünn mit Frischkäse bestreichen, dabei einen ca. 2 cm breiten Rand freilassen **(Step 1)**, mit Spinat und Frühlingszwiebeln belegen **(Step 2)**, salzen und pfeffern. Die Involtini aufrollen und mit den Zahnstochern feststecken **(Step 3)**.

3 Das Öl in einer großen Pfanne erhitzen, die Involtini darin bei mittlerer Hitze rundherum goldbraun anbraten. Mit dem Weißwein ablöschen und zugedeckt bei mittlerer Hitze 10 Min. schmoren. Die Brühe dazugießen und 5 Min. köcheln lassen, dann die Crème fraîche unterrühren und alles weitere 5 Min. köcheln lassen. Nach Belieben mit Basmatireis servieren.

... und das gibt's am 2. Tag

Spinat-Kartoffel-Quiche

(im Bild links)

Für 4 Personen zusätzlich:
500 g kleine mehlig kochende Kartoffeln
100 g Doppelrahm-Frischkäse
2 Eier
1 Prise frisch geriebene Muskatnuss
Salz | Pfeffer
1 Rolle Blätterteig (275 g, aus dem Kühlregal)
100 g Käse, frisch gerieben
(z. B. Edamer oder Emmentaler)
Fett für die Form
Außerdem:
1 Spring- oder Quicheform (28–30 cm Ø)

Zubereitungszeit: ca. 45 Min.
Backzeit: ca. 25 Min.
Pro Portion: ca. 515 kcal

1 Die Kartoffeln mit Wasser bedeckt in ca. 20 Min. weich kochen. Den Frischkäse und die Eier verquirlen. Die Kartoffeln noch heiß pellen und durch die Kartoffelpresse drücken oder mit dem Kartoffelstampfer gut zerstampfen.

2 Die Frischkäse-Eier-Mischung mit dem Spinat vom Vortag unter die Kartoffelmasse ziehen. Mit Muskat, Salz und Pfeffer kräftig abschmecken.

3 Den Backofen auf 200° vorheizen. Eine Spring- oder Quicheform fetten. Den Teig auf einem feuchten Küchentuch ausbreiten und großzügig zuschneiden. Den Teig in die Form legen, dabei einen Rand formen. Die Spinat-Kartoffel-Masse auf dem Teig verteilen. Mit dem Käse bestreuen. Im heißen Backofen (Mitte, Umluft 180°) ca. 25 Min. backen. Dazu passt ein grüner Salat.

Luxusvariante

Besonders pikant schmeckt die Quiche, wenn Sie noch 100 g durchwachsenen **Räucherspeck** in Würfeln unter den Spinat mischen.

exotisch Hähnchenbrust mit roten Linsen

(im Bild vorne)

Für 4 Personen:
1–2 Zwiebeln
1 walnussgroßes Stück frischer Ingwer (ca. 20 g)
2 Knoblauchzehen
3 EL Butter
1 EL Kurkumapulver
1 EL Currypulver
500 g rote Linsen
600 g Hähnchenbrustfilet
3 EL Butterschmalz | Salz | Pfeffer

Pro Person/Tag: unter 1,50 €
Zubereitungszeit: ca. 25 Min.
Pro Portion: ca. 460 kcal

1 Die Zwiebeln, den Ingwer und den Knoblauch schälen, die Zwiebeln und den Ingwer fein hacken.

2 Die Butter in einem Topf erhitzen, die Zwiebeln darin glasig braten. Den Knoblauch dazupressen, den Ingwer, das Kurkuma- und das Currypulver dazugeben und alles unter Rühren 1 Min. mitbraten. Die Linsen unterrühren. 1/2 l Wasser angießen und einmal aufkochen lassen. Bei schwacher Hitze ca. 15 Min. weiterköcheln lassen, bis alle Flüssigkeit aufgesogen ist.

3 Inzwischen die Hähnchenbrustfilets kalt abspülen, trockentupfen und in ca. 1 cm breite Streifen schneiden. Das Butterschmalz in einer beschichteten Pfanne oder im Wok erhitzen und die Hähnchenstreifen darin unter Rühren bei mittlerer Hitze in ca. 5 Min. goldbraun braten. Mit Salz und Pfeffer würzen.

4 Die Hähnchenstreifen zur einen Hälfte der Linsen servieren. Die andere Hälfte abkühlen lassen und für den 2. Tag (siehe rechts) zugedeckt im Kühlschrank aufbewahren.

Luxusvariante

Wenn Sie sich und Ihren Gästen etwas Besonderes gönnen wollen, kombinieren Sie das Linsenpüree mit **knusprigem Ingwerhähnchen:** Für 4 Personen in einer Schüssel 30 g weiche Butter, 20 g ganz fein gehackter Ingwer, 1 geschälte und durchgepresste Knoblauchzehe, 1 TL Zitronensaft, 1 Stück Zitronenschale in ganz feinen Streifen, Salz, Pfeffer und 1 Prise Cayennepfeffer gründlich vermengen. 4 Hähnchenkeulen (à 200 g) kalt abspülen, trockentupfen, mit der Ingwerbutter bestreichen und in eine gefettete feuerfeste Form geben. Die Keulen im auf 220° vorgeheizten Ofen (Mitte, Umluft 200°) in ca. 40 Min. goldbraun und knusprig backen.

... und das gibt's am 2. Tag

Pappardelle mit Linsensauce

(im Bild hinten)

Für 4 Personen zusätzlich:
500 g Pappardelle (breite Bandnudeln)
Salz | 1/2 Bund glatte Petersilie
200 g Sahne
1 EL Zitronensaft

Zubereitungszeit: ca. 15 Min.
Pro Portion: ca. 840 kcal

1 Die Pappardelle in 6 l kochendem Salzwasser nach Packungsanweisung bissfest garen.

2 Inzwischen die Petersilie waschen und trockenschütteln, die Blättchen abzupfen und fein hacken. Die Linsen vom Vortag in einen Topf geben, die Sahne unterrühren und alles bei mittlerer Hitze erhitzen. Mit dem Zitronensaft abschmecken. Die Petersilie unterrühren.

3 Die Nudeln in ein Sieb abgießen, abtropfen lassen und mit der Linsensauce servieren.

ganz einfach Nudeln mit Pilzpesto

(im Bild vorne)

Für 2 Personen:
500 g Tagliatelle (schmale Bandnudeln)
Salz
1 Zwiebel
1 Knoblauchzehe
500 g Champignons
4 EL Olivenöl
50 g gehackte Mandeln
2 EL Crème fraîche
1 EL Zitronensaft
Pfeffer

Pro Person/Tag: unter 2 €
Zubereitungszeit: ca. 25 Min.
Pro Portion: ca. 900 kcal

1 Die Tagliatelle in 6 l kochendem Salzwasser nach Packungsanweisung bissfest garen.

2 Inzwischen die Zwiebel und den Knoblauch schälen und fein würfeln. Die Champignons putzen, trocken abreiben und fein hacken.

3 Das Olivenöl in einer beschichteten Pfanne erhitzen, die Zwiebel darin glasig braten. Den Knoblauch, die Pilze und die Mandeln dazugeben und ca. 3 Min. mitbraten. Die Crème fraîche unterrühren. Mit dem Zitronensaft, Salz und Pfeffer abschmecken.

4 Die Tagliatelle in ein Sieb abgießen und gut abtropfen lassen. Eine Hälfte unter das Pilzpesto mischen und nach Belieben mit frisch geriebenem Parmesan servieren. Die andere Hälfte abkühlen lassen und für den 2. Tag (siehe rechts) zugedeckt im Kühlschrank aufbewahren.

... und das gibt's am 2. Tag

Lauch-Nudel-Auflauf

(im Bild hinten)

Für 2 Personen zusätzlich:
2 Stangen Lauch (ca. 600 g) | Salz
1 Bund glatte Petersilie
200 g gekochter Schinken am Stück
3 Eier
200 g saure Sahne
Pfeffer
1 Prise frisch geriebene Muskatnuss
50 g Parmesan, frisch gerieben
Fett für die Form

Zubereitungszeit: ca. 15 Min.
Backzeit: ca. 30 Min.
Pro Portion: ca. 1035 kcal

1 Den Lauch putzen, in Ringe schneiden und waschen. Reichlich Wasser aufkochen lassen, salzen. Den Lauch darin 1–2 Min. blanchieren, in ein Sieb abgießen und gut abtropfen lassen.

2 Die Petersilie waschen und trockenschütteln. Die Blättchen abzupfen und fein hacken. Den Schinken würfeln. Den Backofen auf 200° vorheizen.

3 Die Eier, die saure Sahne und die Petersilie mit einem Schneebesen verquirlen. Mit Salz, Pfeffer und 1 Prise Muskatnuss würzen. Die Eiersahne, den Lauch und die Schinkenwürfel unter die Tagliatelle vom Vortag mischen.

4 Eine feuerfeste Form einfetten. Die Nudelmischung in die Form geben und mit dem geriebenen Parmesan bestreuen. Im heißen Backofen (Mitte, Umluft 180°) ca. 30 Min. überbacken, bis der Parmesan goldbraun ist.

Clever genießen

Wer die harte **Parmesankruste** nicht mag, mischt den geriebenen Käse einfach unter die Nudeln.

Klassiker **Rahmgulasch mit Spätzle**

(im Bild vorne)

Für 2 Personen:
500 g Spätzle
1 Zwiebel
300 g Putenbrustfilet
250 g Champignons
Salz / 1 EL neutrales Pflanzenöl
200 g Sahne / Pfeffer

Pro Person/Tag: unter 1,50 €
Zubereitungszeit: ca. 20 Min.
Pro Portion: ca. 965 kcal

1 Für die Spätzle 6 l Wasser zum Kochen bringen.

2 Inzwischen die Zwiebel schälen und klein würfeln. Das Putenfleisch kalt abspülen, trockentupfen und in ca. 2 cm große Würfel schneiden. Die Champignons putzen, trocken abreiben und in feine Scheiben schneiden.

3 Die Spätzle in dem gesalzenen kochenden Wasser nach Packungsanweisung bissfest garen.

4 Das Öl in einer beschichteten Pfanne erhitzen, die Zwiebel darin bei mittlerer Hitze glasig braten. Die Putenwürfel dazugeben und in ca. 5 Min. von allen Seiten anbraten, bis sie leicht gebräunt sind.

5 Die Champignons zum Fleisch geben und 2–3 Min. mitbraten. Die Sahne dazugießen und einmal aufkochen lassen. Mit Salz und Pfeffer würzen.

6 Die Spätzle in ein Sieb abgießen und gut abtropfen lassen. Die eine Hälfte zum Gulasch servieren, die andere Hälfte abkühlen lassen und für den 2. Tag (siehe rechts) zugedeckt im Kühlschrank aufbewahren.

Clever genießen

Noch preiswerter und besser: **Spätzle einfach selber machen!** Für 4 Portionen 400 g Mehl, 4 Eier, 1 TL Salz und 40 ml Wasser mit einem Kochlöffel so lange verrühren, bis der Teig geschmeidig ist und Blasen wirft. Der Teig soll zähflüssig sein – evtl. mehr Wasser zugeben! Den Teig 20 Min. ruhen lassen, dann in eine Spätzle- oder Kartoffelpresse füllen und in reichlich kochendes Salzwasser drücken. Spätzle mit einem Messer von der Presse abschaben. Die Spätzle sind gar, wenn sie nach kurzer Zeit an der Oberfläche schwimmen, und halten sich gut ein paar Tage im Kühlschrank.

... und das gibt's am 2. Tag

Käsespätzle

(im Bild hinten)

Für 2 Personen zusätzlich:
150 g Emmentaler, frisch gerieben
Salz / Pfeffer / 1–2 Zwiebeln / 1 EL Butter
1 EL Mehl / Fett für die Form

Zubereitungszeit: ca. 20 Min.
Backzeit: ca. 10 Min.
Pro Portion: ca. 785 kcal

1 Eine flache feuerfeste Form fetten. Die Spätzle vom Vortag und drei Viertel des Emmentalers in die Form füllen und vermischen. Salzen und kräftig pfeffern. Mit dem restlichen Käse bestreuen.

2 Den Backofen auf 200° vorheizen. Die Zwiebeln schälen und in Ringe schneiden. Die Butter in einer beschichteten Pfanne erhitzen, die Zwiebeln darin bei mittlerer Hitze glasig dünsten. Mit dem Mehl bestäuben und 10 Min. braten.

3 Inzwischen die Spätzle im heißen Backofen (Mitte, Umluft 180°) ca. 10 Min. überbacken, bis der Käse geschmolzen ist. Die Käsespätzle mit den Röstzwiebeln bestreut servieren.

ganz einfach

Pikante Bratwurst mit Couscous

(im Bild hinten)

Für 4 Personen:
250 g Couscous
1–2 Zwiebeln
400 g Möhren
2–3 EL neutrales Pflanzenöl
8 Nürnberger Rostbratwürste
Cayennepfeffer (nach Belieben)

Pro Person/Tag: unter 1 €
Zubereitungszeit: ca. 25 Min.
Pro Portion: ca. 780 kcal

1 Den Couscous in eine große Schüssel geben, nach Packungsanweisung mit heißem Wasser übergießen und quellen lassen, bis das Wasser aufgesogen ist. Zugedeckt warm halten.

2 Die Zwiebeln schälen und grob würfeln. Die Möhren putzen, schälen, der Länge nach halbieren und die Hälften in Scheiben schneiden.

3 1 EL Öl in einem Topf erhitzen, die Zwiebeln darin scharf anbraten. Die Möhren mit 30 ml Wasser dazugeben und zugedeckt bei mittlerer Hitze ca. 10 Min. garen.

4 Inzwischen das restliche Öl in einer Pfanne erhitzen. Die Bratwürste darin bei mittlerer Hitze in ca. 10 Min. von allen Seiten knusprig braun braten. Die Bratwürste mit Cayennepfeffer würzen. Die gegarten Möhren unter die Hälfte des Couscous mischen und zu den Bratwürsten servieren. Die andere Hälfte des Couscous abkühlen lassen und für den 2. Tag (siehe rechts) zugedeckt im Kühlschrank aufbewahren.

Luxusvariante

Statt der Nürnberger Rostbratwürste können Sie auch einmal **Merguezes,** pikante französische Bratwürste, verwenden.

... und das gibt's am 2. Tag

Arabischer Couscous-Salat

(im Bild vorne)

Für 4 Personen zusätzlich:
2 Fleischtomaten (ca. 300 g) | 1 Salatgurke
3 Zweige frische Minze oder Koriandergrün
4 EL Zitronensaft | 6 EL Olivenöl | Salz | Pfeffer

Zubereitungszeit: ca. 15 Min.
Ruhezeit: ca. 1 Std.
Pro Portion: ca. 255 kcal

1 Die Tomaten waschen, vierteln und klein würfeln, dabei die Stielansätze entfernen. Die Gurke waschen, nach Belieben schälen und ebenfalls klein würfeln. Die Minze oder das Koriandergrün waschen, trockenschütteln und fein hacken.

2 Die Tomaten, die Gurke und die Minze oder den Koriander unter den Couscous vom Vortag mischen. Den Zitronensaft und das Öl dazugeben und ebenfalls gründlich untermischen. Den Salat mit Salz und Pfeffer abschmecken. Vor dem Servieren mindestens 1 Std. ziehen lassen.

Clever genießen

Stilecht und preiswert als Beilage: **Fladenbrot**. Für 1 Brot 500 g Mehl mit 1/2–1 TL Salz in eine Schüssel geben, in die Mitte eine Mulde drücken, 30 g Hefe hineinbröckeln. Die Hefe mit 1 TL Zucker bestreuen, mit 100 ml lauwarmem Wasser und etwas Mehl verrühren. Zugedeckt ca. 10 Min. gehen lassen. Alles verkneten, dabei nach und nach 150 ml lauwarmes Wasser dazugeben. Den Teig so lange kneten, bis er sich vom Schüsselrand löst. Zu einer Kugel geformt zugedeckt an einem warmen Ort ca. 1 Std. gehen lassen. Ofen auf 200° vorheizen. Teig nochmals durchkneten, auf wenig Mehl zu einem Fladen von 30–35 cm ø ausrollen. Einige Vertiefungen eindrücken. Auf einem gefetteten Blech zugedeckt ca. 10 Min. gehen lassen. Mit lauwarmem Wasser bestreichen, im Ofen (Mitte, Umluft 180°) 20–25 Min. backen.

1

2

3

asiatisch Fisch-Saté

(im Bild links)

Für 4 Personen:
800 g aufgetautes TK-Fischfilet (z. B. Rotbarsch oder Seelachs)
4 EL Sojasauce
4 EL Zitronensaft
1 TL grüne Currypaste (Asienladen)
1 Dose ungesüßte Kokosmilch (400 ml)
350 g stückige Erdnusscreme
3 EL thailändische Fischsauce (Asienladen)
2 EL neutrales Pflanzenöl
Außerdem:
Schaschlikspieße

Pro Person/Tag: unter 2 €
Zubereitungszeit: ca. 20 Min.
Pro Portion: ca. 545 kcal

1 Den Fisch in grobe Würfel schneiden, vorsichtig mit der Sojasauce und 1 EL Zitronensaft vermischen **(Step 1)** und beiseite stellen.

2 Die Currypaste bei starker Hitze in einer beschichteten Pfanne kurz anrösten. Die Kokosmilch dazugießen und die Erdnusscreme einrühren. Den restlichen Zitronensaft und die Fischsauce untermischen. Alles 5 Min. köcheln lassen. Eine Hälfte der Sauce abnehmen, abkühlen lassen und für den 2. Tag (siehe rechts) zugedeckt im Kühlschrank aufbewahren.

3 Je 4 Fischwürfel auf einen Schaschlikspieß stecken **(Step 2)**. Das Öl in einer beschichteten Pfanne erhitzen und die Spieße darin bei mittlerer Hitze in ca. 5 Min. rundherum goldbraun braten **(Step 3)**.

4 Das Fisch-Saté heiß oder kalt mit der Hälfte der Sauce servieren. Dazu schmeckt ein frischer Blattsalat.

... und das gibt's am 2. Tag

Schweinefleisch in Erdnusssauce

(im Bild rechts)

Für 4 Personen zusätzlich:
250 g Basmatireis
Salz
600 g Schweinegulasch
1 Bund Frühlingszwiebeln
1 walnussgroßes Stück frischer Ingwer (ca. 20 g)
1 Knoblauchzehe
1/2 Bund Koriandergrün
1 EL neutrales Pflanzenöl

Zubereitungszeit: ca. 35 Min.
Pro Portion: ca. 685 kcal

1 Den Reis mit 1 Prise Salz in 500 ml Wasser einmal aufkochen lassen, dann zugedeckt auf der warmen Herdplatte ca. 20 Min. ausquellen lassen.

2 Inzwischen das Schweinegulasch trockentupfen. Die Frühlingszwiebeln putzen, waschen und in ca. 2 cm lange Stücke schneiden. Den Ingwer und den Knoblauch schälen und fein hacken. Den Koriander waschen, trockenschütteln und fein hacken.

3 Das Öl in einer beschichteten Pfanne erhitzen und das Fleisch darin unter Rühren bei starker Hitze ca. 5 Min. scharf anbraten. Dann die Frühlingszwiebeln, den Ingwer und den Knoblauch dazugeben und bei mittlerer Hitze kurz mitbraten.

4 Die Erdnusssauce vom Vortag bei schwacher Hitze erhitzen. Das Fleisch mit Salz abschmecken und mit dem Koriander bestreuen. Mit der Sauce und dem Reis servieren.

herzhaft Lammragout mit Polenta

(im Bild hinten)

Für 4 Personen:
1 kg Lammschulter mit Knochen
200 g Zwiebeln | 3 Knoblauchzehen
2 EL Olivenöl
1 Packung passierte Tomaten (500 g)
1/2 l Rotwein (ersatzweise Fleischbrühe)
je 1 TL getrockneter Rosmarin und Thymian
200 g Instant-Polenta (Maisgrieß)
4 EL Butter
Salz | Pfeffer

Pro Person/Tag: unter 2 €
Zubereitungszeit: ca. 45 Min.
Garzeit: ca. 1 Std.
Pro Portion: ca. 455 kcal

1 Das Fleisch vom Knochen lösen, kalt abspülen, trockentupfen und in möglichst feine Würfel schneiden oder durch den Fleischwolf drehen. Die Zwiebeln und den Knoblauch schälen und fein würfeln.

2 Das Öl in einem Topf erhitzen, die Zwiebeln darin glasig braten. Das Fleisch und den Knoblauch dazugeben und ca. 5 Min. mitbraten. Die Tomaten, den Wein und die getrockneten Kräuter hinzufügen. Alles einmal aufkochen lassen, dann bei schwacher Hitze mindestens 45 Min., höchstens 1 Std. köcheln lassen. Falls das Ragout zu trocken wird, etwas Wasser nachgießen.

3 Die Polenta nach Packungsanweisung zubereiten. Dann 4 EL Butter zerlassen und unter die Polenta rühren, salzen und pfeffern.

4 Das fertig gegarte Ragout mit Salz und Pfeffer abschmecken, eine Hälfte abnehmen, abkühlen lassen und für den 2. Tag (siehe rechts) zugedeckt im Kühlschrank aufbewahren. Die andere Hälfte mit der Polenta servieren.

... und das gibt's am 2. Tag Türkische Teigtaschen

(im Bild vorne)

Für 4 Personen zusätzlich:
200 g TK-Filo- oder -Yufka-Teig (griechisches oder türkisches Lebensmittelgeschäft; ersatzweise Blätterteig)
3 Zweige frische Minze
Tabasco (nach Belieben)
2–3 EL Olivenöl
500 g Vollmilchjoghurt (3,5 %)
1 TL Kreuzkümmelpulver
Salz | Pfeffer
4 EL neutrales Pflanzenöl

Zubereitungszeit: ca. 30 Min.
Pro Portion: ca. 595 kcal

1 Die Teigblätter zum Auftauen nebeneinander legen. Die Minze waschen, trockenschütteln und fein hacken. Das Lammragout vom Vortag bei mittlerer Hitze kurz erhitzen, die Minze unterrühren und mit dem Tabasco nach Geschmack scharf abschmecken.

2 Den aufgetauten Teig mit dem Olivenöl bestreichen, je drei Blätter übereinander legen und etwas andrücken. In acht Stücke schneiden (Seitenlänge ca. 15–20 cm). Die Fleischfüllung gleichmäßig auf den Teigstücken verteilen. Den Teig über dem Fleisch zu viereckigen Päckchen zusammenfalten.

3 Für den Dip den Joghurt glatt rühren und mit Kreuzkümmel, Salz und Pfeffer abschmecken.

4 2 EL Pflanzenöl in einer Pfanne erhitzen. Die Teigtaschen darin portionsweise (unter Zugabe des restlichen Öls) auf beiden Seiten in jeweils ca. 3 Min. knusprig braten. Mit dem Joghurtdip servieren.

ganz einfach **Geschmortes Hähnchenbrustfilet**

(im Bild vorne)

Für 2 Personen:
450 g TK-Blattspinat
Salz / Pfeffer
1 Prise frisch geriebene Muskatnuss
3 Hähnchenbrustfilets (à 150 g)
1 Dose weiße Bohnen (400 g)
1 Knoblauchzehe
125 g Crème Double
100 ml trockener Weißwein (ersatzweise Gemüsebrühe)
2 EL fein gehackte frische Kräuter (z. B. Thymian, Estragon, Oregano)
2 EL neutrales Pflanzenöl

Pro Person/Tag: unter 2 €
Zubereitungszeit: ca. 30 Min.
Backzeit: ca. 30 Min.
Pro Portion: ca. 665 kcal

1 Den Spinat in einem Topf bei mittlerer Hitze nach Packungsanweisung auftauen lassen, dabei immer wieder umrühren. Mit Salz, Pfeffer und Muskat würzen. Vom Herd nehmen. Eine Hälfte des Spinats abnehmen, abkühlen lassen und für den 2. Tag (siehe rechts) zugedeckt im Kühlschrank aufbewahren.

2 Die Hähnchenbrustfilets kalt abspülen, trockentupfen, salzen und pfeffern. Die Bohnen in einem Sieb abtropfen lassen, dann mit einer Gabel zerdrücken. Den Knoblauch schälen und sehr fein hacken. Die Crème double, den Wein, die Kräuter und den Knoblauch in einer Schüssel verrühren, die Creme mit Salz und Pfeffer würzen.

3 Den Backofen auf 200° vorheizen. Das Öl in einem feuerfesten Schmortopf erhitzen. Die Hähnchenbrustfilets darin von jeder Seite ca. 4 Min. anbraten. Den Topf vom Herd nehmen, das Fleisch herausnehmen. 1 Filet für den 2. Tag (siehe unten) abkühlen lassen und im Kühlschrank aufbewahren.

4 Den Spinat in den Schmortopf schichten, die beiden restlichen Hähnchenbrustfilets darauf legen. Die zerdrückten Bohnen darauf verteilen. Alles mit der Creme begießen. Den Schmortopf mit dem Deckel verschließen. Das Fleisch im heißen Backofen (Mitte, Umluft 180°) ca. 30 Min. schmoren.

... und das gibt's am 2. Tag

Geflügelsalat

(im Bild hinten)

Für 2 Personen zusätzlich:
2 Fleischtomaten (ca. 300 g)
2 gelbe Paprikaschoten
1 Salatgurke
150 g Magerjoghurt
2 EL Zitronensaft
2 EL Olivenöl
Salz / Pfeffer

Zubereitungszeit: ca. 15 Min.
Pro Portion: ca. 275 kcal

1 Den Spinat vom Vortag fein hacken. Die Tomaten waschen und in Scheiben schneiden, dabei die Stielansätze entfernen. Die Paprikaschoten waschen, halbieren und putzen. Die Schotenhälften in feine Streifen schneiden. Die Gurke waschen, schälen, längs halbieren und die Hälften in Scheiben schneiden. Die Hähnchenbrust vom Vortag in dünne Streifen schneiden.

2 Spinat, Tomaten, Paprika und Gurke mit dem Fleisch in einer Schüssel vermengen. Für das Dressing den Joghurt mit dem Zitronensaft und dem Öl verrühren, salzen und pfeffern. Das Dressing unter den Salat mischen.

Für zwei Sparfüchse

Vorratshaltung für kreative Köche

Kochen für zwei ist nicht ohne – schon gar nicht, wenn beide berufstätig sind. Denn dann heißt es oft: schnell, schnell nach der Arbeit zum Einkaufen und dabei dann meist viel zu viel Geld ausgeben, weil der angesteuerte Supermarkt zwar auf dem Weg liegt, doch leider auch der teuerste ist. Aber: Mit den richtigen Vorräten können Sie der Einkaufsunlust ein Schnäppchen schlagen, lecker kochen und dabei viel Geld sparen. Im Folgenden einige wichtige Vorratsprodukte und was Sie auf die Schnelle für zwei Hungrige daraus zaubern können.

Dosentomaten

Unverzichtbar für Spontanköche mit Gusto auf eine würzige **Tomatensauce:** Für 2 Portionen 1 gewürfelte Zwiebel in 1 EL Olivenöl glasig dünsten. 1 Dose geschälte Tomaten (400 g) dazugeben, zerkleinern und zugedeckt bei schwacher Hitze 15–20 Min. köcheln lassen. Mit 1 Prise Zucker, Salz, 1 Schuss Aceto Balsamico und Chilipulver pikant abschmecken.

Reis

Nicht nur Pasta, auch Reis gehört in den Vorratsschrank. Mit wenigen Zutaten mehr wird daraus z. B. **Gratinierter Tomatenreis:** Für 2 Portionen 1 gewürfelte Zwiebel mit 1 TL getrocknetem Oregano in 1 EL Öl glasig braten. 150 g Reis und 300 ml Wasser dazugeben, aufkochen und zugedeckt auf der warmen Herdplatte ca. 20 Min. ausquellen lassen. 1 Dose stückige Tomaten (400 g) auf dem Reis verteilen, kräftig salzen und pfeffern. Mit 100 g geriebenem Emmentaler bestreuen. 1 EL Butterflöckchen darauf verteilen. Den feuerfesten Topf auf den Rost in den kalten Backofen (Mitte) stellen, den Ofen auf 200° (Umluft 180°) schalten. Den Reis ca. 30 Min. backen. Mit Petersilie bestreuen.

Rote Linsen

Rote Linsen müssen nicht eingeweicht werden und ergeben eine schnelle **Suppe:** Für 2 Portionen 1 kleine Möhre und 1 mehlig kochende Kartoffel schälen und klein würfeln. 1 kleine Zwiebel schälen, ebenfalls klein würfeln, in 1 TL Butter glasig dünsten. Die Möhre und die Kartoffel 3 Min. mitdünsten. 100 g rote Linsen, 1–2 TL Tomatenmark und 1/2 TL rosenscharfes Paprikapulver einrühren, 1 Min. anschwitzen. Mit Salz, Pfeffer und Kreuzkümmelpulver würzen. 1/2 l heiße Gemüsebrühe (Instant) angießen, zugedeckt bei mittlerer Hitze ca. 15 Min. köcheln lassen. Ab und zu umrühren. Die Suppe pürieren, mit 1 EL Zitronensaft würzen. Auf zwei Teller verteilen, auf jede Portion 1 TL Joghurt geben.

Pesto

Das italienische Basilikum-Püree ist ein **Alleskönner:** ob als Nudelsauce, als Dip für Gemüserohkost, als Aufstrich für Crostini oder als raffinierte Deko einer Tomatensuppe. 2 Bund Basilikum, 3–4 EL Pinienkerne, 4 Knoblauchzehen mit 100 ml Olivenöl fein pürieren, salzen und pfeffern – hält sich in einem fest schließenden Glas im Kühlschrank wochenlang und lässt sich gut einfrieren. Noch pikanter schmeckt die Sauce, wenn Sie statt Basilikum Rucola verwenden. Und wenn Sie Kräuter und Öl durch 1 Glas in Öl eingelegte getrocknete Tomaten ersetzen, haben Sie ein originelles rotes Pesto.

Kokosmilch

Mit Kokosmilch können Sie jedes Fleischragout zu einer exotischen Köstlichkeit aufwerten – oder auch ein spontanes **Dessert** zubereiten: 1 Dose Kokosmilch (400 ml) mit 40 g Zucker einmal aufkochen lassen, 3 Blatt eingeweichte Gelatine darin auflösen, in Portionsförmchen füllen, im Kühlschrank fest werden lassen – fertig ist die Kokos-Panna-Cotta.

1

2

3

ganz einfach **Artischocken mit Kräuterdip**

(im Bild links)

Für 2 Personen:
2 Artischocken (à 400 g)
Salz
1/2 Zitrone
Für den Dip:
3–4 EL fein gehackte frische Kräuter (z. B. Koriander, Estragon, Petersilie)
3 EL Olivenöl
schwarzer Pfeffer
100 g saure Sahne
1 EL Zitronensaft

Pro Person: unter 2 €
Zubereitungszeit: ca. 10 Min.
Kochzeit: ca. 40 Min.
Pro Portion: ca. 240 kcal

1 Die Artischocken gründlich waschen, die Stiele abschneiden **(Step 1)**. Mit einer Küchenschere die harten Blattspitzen abschneiden **(Step 2)**. Alle Schnittstellen sofort mit der Zitronenhälfte abreiben **(Step 3)**.

2 In einem Topf reichlich Wasser zum Kochen bringen, salzen und 1 EL Zitronensaft dazugeben. Die Artischocken darin zugedeckt bei mittlerer Hitze 30–40 Min. köcheln lassen. Herausnehmen und umgedreht auf Küchenpapier abtropfen lassen.

3 Für den Dip die Kräuter, das Öl, Salz und Pfeffer in einem hohen Becher pürieren. Die saure Sahne unterrühren und den Dip mit 1 EL Zitronensaft abschmecken. Den Dip zu den Artischocken servieren.

blitzschnell **Rote-Beten-Carpaccio**

(im Bild rechts)

Für 2 Personen:
2 vorgegarte Rote Beten (250 g, in Folie eingeschweißt)
1 ganz frisches Eigelb
6 EL Distelöl (ersatzweise neutrales Pflanzenöl)
3–4 Sardellenfilets (ca. 25 g, aus dem Glas)
1 EL Zitronensaft
Salz / schwarzer Pfeffer
1/2 Bund Dill (ersatzweise Petersilie)

Pro Person: unter 1,50 €
Zubereitungszeit: ca. 15 Min.
Pro Portion: ca. 375 kcal

1 Die Roten Beten in sehr feine Scheiben hobeln oder schneiden und auf zwei Tellern anrichten.

2 Für die Mayonnaise das frische Eigelb mit einem Schneebesen verquirlen. Das Öl erst tropfenweise, dann in einem dünnen Strahl langsam unterschlagen, bis eine cremige Mayonnaise entsteht (siehe Seite 63).

3 Die Sardellenfilets kalt abspülen, trockentupfen und ganz fein hacken. Die Sardellen unter die Mayonnaise rühren.

4 Die Mayonnaise mit dem Zitronensaft, Salz und Pfeffer abschmecken und auf dem Rote-Beten-Carpaccio verteilen. Den Dill waschen, trockenschütteln, die Blättchen fein hacken und über das Carpaccio streuen.

für Gourmets Geeiste Melonensuppe mit Shrimps

Für 2 Personen:
1 kleine Zwiebel
50 g Shrimps
1 TL Butter
100 ml Weißwein
50–60 g Sahne
1 Honigmelone (ca. 500 g)
Salz
Pfeffer

Pro Person: unter 2 €
Zubereitungszeit: ca. 15 Min.
Pro Portion: ca. 265 kcal

1 Die Zwiebel schälen und fein würfeln, die Shrimps grob hacken (ein paar Shrimps als Deko zur Seite legen!). Die Butter in einem Topf erhitzen. Die Zwiebel darin bei mittlerer Hitze glasig dünsten. Den Weißwein dazugießen. Den Topf vom Herd nehmen. Die Shrimps dazugeben und die Sahne unterrühren.

2 Die Honigmelone längs halbieren und mit einem Löffel entkernen. Die Melone in Spalten schneiden und schälen, dann die Spalten grob zerteilen. Die Melonenstückchen in die Shrimpssuppe geben.

3 Alles gründlich pürieren, mit Salz und Pfeffer abschmecken. Die Suppe bis zum Servieren kalt stellen und mit den restlichen Shrimps garnieren.

Stylingtipp

Die Melonenhälften nicht zerteilen, sondern das Fruchtfleisch mit einem Löffel herauslösen und die leeren **Schalenhälften** dann als Suppenschüsseln verwenden.

für heiße Tage **Gazpacho**

Für 2 Personen:
1/2 Salatgurke | 1 Zwiebel
1 rote Paprikaschote | 4 Scheiben Toastbrot
250 g passierte Tomaten (Tetrapack)
1/2 l heiße Fleischbrühe (Instant)
Salz | 2–3 Spritzer Zitronensaft
Tabasco (nach Belieben)
2 EL Olivenöl

Pro Person: unter 1 €
Zubereitungszeit: ca. 15 Min.
Kühlzeit: ca. 1 Std. 30 Min.
Pro Portion: ca. 255 kcal

1 Die Gurke waschen und schälen. Ein kleines Stück der Gurke (ca. 4 cm) in kleine Würfel schneiden und beiseite stellen. Die restliche Gurke grob klein schneiden. Die Zwiebel schälen und würfeln. Die Paprikaschote waschen, halbieren und putzen. Die Schotenhälften grob klein schneiden. 2 Scheiben Toastbrot entrinden und fein würfeln.

2 Die Brotwürfel mit der Gurke, der Zwiebel, der Paprika und den passierten Tomaten in die heiße Fleischbrühe geben und alles fein pürieren. Mit Salz, Zitronensaft und Tabasco abschmecken. Für ca. 1 Std. 30 Min. im Kühlschrank kalt stellen.

3 Kurz vor dem Servieren das restliche Toastbrot in Würfel schneiden. Das Öl erhitzen und die Toastwürfel darin rundherum anrösten. Die Suppe mit den Brotcroûtons und den Gurkenwürfeln bestreut servieren.

Stylingtipp

Statt mit Brotcroûtons können Sie die andalusische Spezialität auch einmal mit **knusprigen Weizen-Tortillas** aufpeppen: 1–2 Weizen-Tortillas (mexikanische Teigfladen; Fertigprodukt) vierteln. 2 EL Öl in einer Pfanne erhitzen und je 4 Tortilla-Viertel darin auf jeder Seite 1/2 Min. braten, so dass sie knusprig aufgehen. Auf den Suppentellerrändern anrichten.

Klassiker auf neue Art

Schokoladengulasch

(im Bild vorne)

Für 2 Personen:
300 g Rindergulasch | 1 Zwiebel
2 EL neutrales Pflanzenöl
Salz | schwarzer Pfeffer
2 EL Tomatenmark | 100 ml Rotwein
30 g dunkle Kuvertüre, gerieben

Pro Person: unter 1 €
Zubereitungszeit: ca. 15 Min.
Schmorzeit: ca. 1 Std. 30 Min.
Pro Portion: ca. 370 kcal

1 Das Fleisch trockentupfen. Die Zwiebel schälen und fein hacken. Das Öl in einem Topf erhitzen, das Fleisch darin bei starker Hitze unter Rühren ca. 5 Min. scharf anbraten. Die Zwiebel dazugeben und alles weitere 2 Min. braten.

2 Tomatenmark und Rotwein zum Fleisch unterrühren, alles einmal aufkochen lassen. Bei schwacher Hitze offen ca. 1 Std. 30 Min. leise köcheln lassen. Nach 30 Min. ca. 150 ml Wasser angießen. Nach Ende der Garzeit die Kuvertüre unterrühren, salzen und pfeffern. Dazu passt das Selleriepüree von Seite 95.

Blitzvariante

Für schnellen Fleischgenuss ohne lange Schmorzeit: **Steakstreifen in Rosmarinsahne.** Für 2 Portionen 3 Minutensteaks (à 80 g) trockentupfen und in Streifen schneiden. 200 g kleine Zwiebeln schälen, längs achteln und in 1 EL Öl in 8–10 Min. weich schmoren. 1 TL braunen Zucker dazugeben, unter Rühren karamellisieren lassen. Mit je 100 ml Fleischbrühe (Instant) und Rotwein ablöschen, 100 g Schmand und 1 TL getrockneten Rosmarin unterrühren, salzen und pfeffern. 3–4 Min. leise köcheln lassen. Das Fleisch in 1–2 TL Öl bei starker Hitze in 3 Min. braun braten, salzen und pfeffern. Mit der Sauce anrichten.

fettarm

Japanische Schweinsröllchen

(im Bild hinten)

Für 2 Personen:
1 Bund Koriandergrün
1 walnussgroßes Stück frischer Ingwer (ca. 20 g)
4 EL Pflaumenmus | 1/2 TL Zimtpulver
Salz | schwarzer Pfeffer
4 Schweineschnitzel (à 100 g)
Sojasauce (nach Belieben)
Außerdem:
Holzzahnstocher
1 Topf mit Dämpfeinsatz

Pro Person: unter 2 €
Zubereitungszeit: ca. 20 Min.
Garzeit: ca. 30 Min.
Pro Portion: ca. 315 kcal

1 Den Koriander waschen und trockenschütteln. Die Blättchen abzupfen und fein hacken. Die Stiele aufheben. Den Ingwer schälen und fein hacken, die Schale aufheben. Das Pflaumenmus mit dem gehackten Ingwer, dem Zimtpulver und 6 EL Wasser in einem Topf einmal aufkochen, dann bei schwacher Hitze ca. 15 Min. köcheln lassen. Salzen und pfeffern, die Hälfte des fein gehackten Korianders unterrühren.

2 Die Schnitzel auf der Arbeitsplatte ausbreiten. Zu ca. drei Vierteln mit der Pflaumensauce bestreichen, aufrollen, die Enden nach oben umschlagen und mit Zahnstochern feststecken.

3 In einem Topf mit Dämpfeinsatz etwas Wasser zum Kochen bringen. Korianderstiele und Ingwerschale ins Wasser geben – so wird der Dampf aromatisiert. Die Röllchen in den Dämpfeinsatz legen und in ca. 15 Min. gar ziehen lassen. Zum Servieren das Fleisch mit etwas Sojasauce beträufeln und mit dem restlichen Koriander bestreuen. Dazu passt Basmatireis.

exotisch Kokos-Ingwerhähnchen

Für 2 Personen:
300 g Hähnchenbrustfilet
1 großes Stück frischer Ingwer (ca. 40 g)
1 Knoblauchzehe
1 Bund Frühlingszwiebeln
1 EL neutrales Pflanzenöl
150 ml ungesüßte Kokosmilch (aus der Dose)
Salz | schwarzer Pfeffer

Pro Person: unter 2 €
Zubereitungszeit: ca. 25 Min.
Pro Portion: ca. 240 kcal

1 Die Hähnchenbrustfilets kalt abspülen, trockentupfen und in feine Streifen schneiden. Ingwer und Knoblauch schälen und sehr fein hacken. Die Frühlingszwiebeln putzen, waschen und schräg in ca. 2 cm große Stücke schneiden.

2 Das Öl in einer beschichteten Pfanne erhitzen. Die Hähnchenstreifen darin unter Rühren bei mittlerer Hitze ca. 5 Min. braten, bis das Fleisch goldbraun ist.

3 Ingwer, Knoblauch und Frühlingszwiebeln zum Hähnchenfleisch geben und unter Rühren ca. 2 Min. mitbraten. Die Kokosmilch dazugießen und alles einmal aufkochen lassen. Mit Salz und Pfeffer abschmecken. Dazu passt Basmatireis.

Pikante Variante

Mit dem Ingwer und dem Knoblauch zusätzlich 1 frische grüne **Chilischote** waschen, längs aufschlitzen, entkernen, fein würfeln und unterrühren. Statt mit Salz dann mit **thailändischer Fischsauce** würzen.

für Gourmets

Schweinefilet in Balsamico mit Selleriepüree

Für 2 Personen:
1 Zwiebel | 1 Stück Knollensellerie (ca. 200 g)
400 g Schweinefilet am Stück | Salz
schwarzer Pfeffer | 1 EL neutrales Pflanzenöl
4 EL Butter | 100 g Sahne | evtl. etwas Milch
1 Prise frisch geriebene Muskatnuss
5 EL Aceto Balsamico

Pro Person: unter 2 €
Zubereitungszeit: ca. 55 Min.
Pro Portion: ca. 580 kcal

1 Die Zwiebel und den Sellerie schälen und würfeln. Das Fleisch mit Salz und Pfeffer einreiben und bei starker Hitze in dem Öl rundherum scharf anbraten. In Alufolie wickeln, 15–20 Min. ruhen lassen. Die Pfanne nicht abspülen.

2 3 EL Butter in einem Topf erhitzen, die Zwiebel darin kurz anbraten, den Sellerie dazugeben und 4 Min. mitbraten. Sahne angießen, alles bei schwacher Hitze zugedeckt ca. 15 Min. garen, dann im Topf pürieren. 1 EL Butter und evtl. etwas Milch einrühren. Mit Salz, Pfeffer und Muskat würzen. Zugedeckt warm halten.

3 Das Fleisch aus der Folie nehmen, den Fleischsaft auffangen. Nochmals ca. 10 Min. bei starker Hitze in der Pfanne rundherum anbraten. In Scheiben schneiden, den dabei austretenden Saft ebenfalls auffangen. Fleischscheiben fächerartig auf zwei vorgewärmten Tellern anrichten. Die Bratrückstände in der Pfanne mit ca. 2 EL Wasser loskochen, dann den Fleischsaft und den Balsamico dazugießen, einmal aufkochen lassen. Den Fond über die Fleischscheiben gießen. Das Püree in Kugeln dazusetzen.

Tauschbörse

Variieren Sie nach Preis und Belieben. So können Sie dieses Gericht alternativ mit **Entenbrustfilet** zubereiten. Für das Püree können Sie statt Sellerie auch **Petersilienwurzeln, Topinambur** oder **Süßkartoffeln** verwenden.

mediterran Lasagne ohne Nudeln

(im Bild hinten)

Für 2 Personen:

2 aufgetaute TK-Rotbarschfilets (à 150 g; ersatzweise Seelachsfilets)
2 EL Zitronensaft | Salz | 400 g Zucchini
3–4 EL Olivenöl | 1 Stange Lauch (ca. 300 g)
1 Knoblauchzehe
250 g passierte Tomaten (Tetrapack) | Pfeffer
1 Prise Kreuzkümmelpulver | 100 ml Weißwein
100 g Sahne | 2 TL getrockneter Thymian

Pro Person: unter 2 €
Zubereitungszeit: ca. 35 Min.
Backzeit: ca. 20 Min.
Pro Portion: ca. 590 kcal

1 Die Fischfilets mit Zitronensaft beträufeln, salzen und beiseite stellen. Die Zucchini waschen, putzen und in dünne Scheiben schneiden. 2 EL Öl in einer Pfanne erhitzen, Zucchini darin portionsweise (unter Zugabe des restlichen Öls) je Seite ca. 3 Min. anbraten, salzen, auf Küchenpapier abtropfen lassen.

2 Den Lauch putzen, in feine Ringe schneiden und gründlich waschen. Den Knoblauch schälen und fein hacken. Beides im Zucchini-Bratöl 3 Min. anbraten. Die Tomaten einrühren, mit Salz, Pfeffer und Kreuzkümmel würzen, vom Herd nehmen. Den Weißwein in einem Topf aufkochen lassen und um die Hälfte reduzieren. Die Sahne dazugießen, noch einmal aufkochen lassen. Mit Salz, Pfeffer und Thymian würzen.

3 Den Backofen auf 200° vorheizen. Eine feuerfeste Form mit der Hälfte der Zucchini auslegen. Die Hälfte der Tomatensauce darauf verteilen. Mit den Fischfilets abdecken. Darauf noch je eine Schicht Tomatensauce und Zucchini verteilen, die Weinsauce darüber gießen. Im heißen Backofen ca. 20 Min. (Mitte, Umluft 180°) garen.

mediterran Rotbarsch alla caprese

(im Bild vorne)

Für 2 Personen:

2 aufgetaute TK-Rotbarschfilets (à 200 g)
1–2 EL Olivenöl | Salz | Pfeffer
12 Cocktailtomaten (ca. 200 g)
2 Zweige frisches Basilikum
1 Kugel Mozzarella (125 g)
50 g Parmesan, grob gerieben
Fett für die Form

Pro Person: unter 1,50 €
Zubereitungszeit: ca. 15 Min.
Backzeit: ca. 20 Min.
Pro Portion: ca. 535 kcal

1 Eine feuerfeste Form fetten. Die Fischfilets nebeneinander hineinlegen, mit 1–2 EL Olivenöl beträufeln und mit Salz und Pfeffer kräftig würzen. Den Backofen auf 225° vorheizen.

2 Die Tomaten waschen und halbieren. Das Basilikum waschen, trockenschütteln und grob hacken. Den Mozzarella abtropfen lassen und in dünne Scheiben schneiden. Alles auf den Fischfilets verteilen. Mit dem Parmesan in groben Spänen bestreuen. Evtl. noch etwas Olivenöl darüber träufeln. Im heißen Backofen (oben, Umluft 200°) ca. 20 Min. backen, bis der Käse goldbraun verlaufen ist. Dazu passt frisches Baguette.

Luxusvariante

Statt des Rotbarschs können Sie auch einen edleren Fisch verwenden: beispielsweise Seeteufel oder Lachs. Und: Je besser das verwendete **Olivenöl,** desto feiner der Geschmack.

exotisch **Margarita-Sorbet**

Für 2 Personen:
8 EL Zucker | 4–5 EL Zitronensaft
4 EL Orangenlikör (z. B. Cointreau)
4 EL weißer Tequila | 1/4 Zitrone
Salz (in einen flachen Teller gefüllt)
Außerdem:
2 Cocktail- oder Sektschalen

Pro Person: unter 1 €
Zubereitungszeit: ca. 10 Min.
Kühlzeit: ca. 5 Std.
Pro Portion: ca. 410 kcal

1 Den Zucker mit 50 ml Wasser und dem Zitronensaft in einem kleinen Topf einmal aufkochen lassen. Bei mittlerer Hitze 5 Min. köcheln lassen, vom Herd nehmen, kurz ausdampfen lassen. Den Orangenlikör und den Tequila einrühren. Abkühlen lassen.

2 Die Mischung in eine Metallschüssel gießen und zugedeckt im Gefrierfach mindestens 5 Std. gefrieren lassen, zwischendurch mit einer großen Gabel immer wieder kräftig durchrühren.

3 Zum Servieren den Rand von zwei Cocktail- oder Sektschalen in dem Zitronenviertel drehen und in einen mit Salz gefüllten Teller tupfen. Überschüssiges Salz durch leichtes Klopfen am Glas entfernen. Das Sorbet in Kugeln in die Gläser geben – das geht am besten mit einem Eisportionierer (oder einem Esslöffel).

Blitzvariante

Für ganz eilige Gastgeber: Kaufen Sie **fertiges Fruchteis** (kein Sahneeis!) und geben Sie je 1 Kugel in eine Cocktail- oder Sektschale. Mit eiskaltem trockenem Sekt auffüllen und mit je 1 Minzeblättchen garnieren.

ganz einfach Mascarponecreme mit Erdbeeren

Für 2 Personen:
250 g Erdbeeren
2 Eiweiße
30 g Zucker
250 g Mascarpone

Pro Person: unter 2 €
Zubereitungszeit: ca. 10 Min.
Pro Portion: ca. 685 kcal

1 Die Erdbeeren waschen, putzen und je nach Größe halbieren oder vierteln. Die Eiweiße mit dem Zucker sehr steif schlagen. Den Mascarpone löffelweise unterrühren, bis eine geschmeidige Creme entsteht.

2 Die Erdbeeren unter die Mascarponecreme heben. Die Creme bis zum Servieren kalt stellen.

Sparvariante

Noch preiswerter bereiten Sie die Creme mit **Speisequark** zu. Diesen am besten mit etwas kohlesäurehaltigem Mineralwasser oder Milch cremig rühren. Die Eiweiße weglassen und stattdessen 3–4 EL Naturjoghurt unterrühren.

Tauschbörse

Je nach Saison können Sie die Früchte beliebig variieren: Statt der Erdbeeren eignen sich beispielsweise gewürfelte **Nektarinen, Pflaumen, Feigen** oder Stücke von **Wasser-** oder **Honigmelone.**

Stylingtipp

Mit 1–2 **Limettenscheiben** oder einigen frischen **Minzeblättchen** dekoriert, schmeckt die Mascarponecreme nicht nur außerordentlich gut, sondern sieht noch dazu klasse aus.

Gästeessen mit Wow-Effekt

Zeitmanagement für sparsame Gastgeber

It's Showtime: Um Ihren Tisch sitzen mehrere Menschen im schicken Abendoutfit. Zeit, alle Register zu ziehen. Trotzdem müssen Sie selbst für vier Gänge nicht stundenlang in der Küche stehen: Mit ein paar Tricks und der richtigen Organisation wird der Abend auch für den Küchenchef ein Fest – mit den Rezepten aus diesem Kapitel ein preiswertes obendrein!

Machen Sie einen Schlachtplan

Sie wollen schließlich auch etwas vom Abend haben. Arbeiten Sie in der Küche wie ein Profi, damit Sie sich am Tisch wie ein Gast fühlen können. Schreiben Sie eine genaue Liste mit allen Handgriffen, die Sie zwischen den Gängen noch erledigen müssen. Diese Liste hängen Sie gut sichtbar auf. Alles, was abgearbeitet ist, wird gestrichen. Holen Sie schon mal alle Zutaten, Küchengeräte und Servierplatten aus den Schränken, am besten geordnet in der Reihenfolge, in der sie benötigt werden. Das erspart Ihnen lästiges Suchen unter Zeitdruck.

Vorbereitung ist die halbe Miete

Wenn es an der Tür klingelt, sollte die meiste Arbeit erledigt und das Kochgeschirr schon verräumt oder in der Spülmaschine sein. Manche Gerichte, z. B. Suppen, können Sie schon Tage vorher kochen und einfach noch mal einfrieren. Denken Sie dabei ans rechtzeitige Auftauen! Bei Schmorgerichten aus dem Ofen sollten Sie vorher kalkulieren, wie viel Zeit Ihre Gäste brauchen, um die Vorspeise zu essen – danach richtet sich der Zeitpunkt, zu dem der Hauptgang ins Bratrohr muss. Das Dessert haben Sie idealerweise schon am Vortag zubereitet. Und alles, was Sie während des Essens noch zum Kochen brauchen – etwa Kräuter zum Bestreuen oder Gewürze zum Abschmecken –, steht vorbereitet und griffbereit neben dem Herd.

Menü clever komponieren

Planen Sie die Speisenfolge so, dass Sie nicht vor jedem Gang unnötig viel Zeit in der Küche verbringen müssen. Mit kalten Vorspeisen, die fertig angerichtet werden können, oder Suppen, die beim Erwärmen nicht ständig beaufsichtigt werden müssen, verläuft der Abend für Sie entspannter als mit aufwändigen Nudelkreationen, die Ihre ganze Aufmerksamkeit beanspruchen. Hauptgerichte aus dem Backofen eignen sich besser als kurz gebratenes Fleisch. Wählen Sie lieber eine raffinierte Beilage als vier verschiedene, die viermal Arbeit machen. Bei mehreren Gängen gilt: Finger weg von warmen Desserts. Heiße Kalorienbomben bringen Ihre Gäste zum Platzen und fesseln Sie unnötig lange an den Herd. Das Dessert kommt am besten aus dem Kühlschrank oder Tiefkühlfach – servierfertig vorbereitet! So können Sie sich bereits beim Hauptgang bequem zurücklehnen und die Nachspeise später einfach hervorzaubern.

Das Auge isst mit!

Richten Sie die Speisen im Zweifel eher auf größeren Tellern an – das wirkt luxuriös und macht mehr her. Verzichten Sie bei der Dekoration ruhig auf teuren Blumenschmuck und setzen Sie lieber auf Ihre Kreativität: Selbst gesammelte Blüten, Blätter, Kastanien, Tannenzapfen oder Muscheln aus dem Urlaub sind viel fantasievoller und wirken schon toll, wenn man sie einfach lose auf dem Tisch oder in mit Sand oder Zucker gefüllten flachen Glasschalen arrangiert. Ganz wichtig: Die Tischdeko eher in die Breite bauen. Teelichter in Schalen (oder einfach in hübschen Wassergläsern) sind nicht nur preiswert, sondern auch besser als hohe Kerzenleuchter, die Ihnen die Sicht auf die Gesichter Ihrer Gäste versperren.

super vorzubereiten Auberginenpüree

Für 4 Personen:
1 Aubergine (ca. 400 g)
5–6 EL Olivenöl
Salz
4 Zweige frisches Basilikum
1 Knoblauchzehe
100 g Magerjoghurt
Pfeffer

Pro Person: unter 1 €
Zubereitungszeit: ca. 15 Min.
Backzeit: ca. 25 Min.
Pro Portion: ca. 150 kcal

1 Den Backofen auf 180° vorheizen. Die Aubergine waschen, putzen und in Würfel schneiden. Eine feuerfeste Form mit Backpapier auslegen, die Auberginenwürfel hineinlegen, ca. 4–5 EL Olivenöl darüber träufeln und salzen.

2 Die Auberginenwürfel im heißen Backofen (Mitte, Umluft 160°) ca. 25 Min. garen, dabei ab und zu umrühren. Inzwischen das Basilikum waschen, trockenschütteln und grob hacken. Den Knoblauch schälen.

3 Die Auberginenwürfel aus dem Ofen nehmen und in einer Schüssel mit dem Pürierstab pürieren. Den Knoblauch dazupressen und mit dem Basilikum, dem Joghurt und 1 EL Olivenöl untermischen. Mit Salz und Pfeffer abschmecken. Das Püree warm oder kalt mit Baguettescheiben zum Dippen servieren.

Luxusvariante

Das Auberginenpüree auf getoastete Baguettescheiben streichen; dann heißt das ganze **»Crostini alla melanzan«** und macht noch mehr her!

herzhaft **Tunfischmousse**

Für 4 Personen:
2 Dosen naturell eingelegter Tunfisch (à 200 g)
3 Blatt weiße Gelatine | 1 EL Butter
1 EL Mehl | 175 ml Fischfond (aus dem Glas)
Salz | Pfeffer | 1 TL Korianderpulver
1 EL Weißwein | 1–2 EL Zitronensaft
8 Zweige frischer Dill
100 g Sahne

Pro Person: unter 1 €
Zubereitungszeit: ca. 30 Min.
Kühlzeit: ca. 6 Std. 10 Min.
Pro Portion: ca. 225 kcal

1 Den Tunfisch abtropfen lassen, in einen hohen Becher füllen und fein pürieren. Die Gelatine in kaltem Wasser einweichen. Butter in einem Topf bei mittlerer Hitze schmelzen lassen, das Mehl mit einem Schneebesen einrühren. Fischfond langsam dazugießen, einmal aufkochen lassen. Den Topf vom Herd nehmen. Die Gelatine ausdrücken und mit dem Schneebesen darin auflösen. Das Tunfischpüree unterrühren. Mit Salz, Pfeffer, Koriander, Wein und Zitronensaft abschmecken. Ca. 10 Min. kalt stellen.

2 Den Dill waschen und trockenschütteln. 4 Zweige beiseite legen, den Rest fein schneiden. Die Sahne steif schlagen. Sahne und Dill unter die gekühlte Fischmasse rühren. Eine runde Form mit Frischhaltefolie auslegen. Die Mousse einfüllen und ca. 6 Std. kalt stellen.

3 Zum Servieren die Mousse stürzen. Die Mousse wie einen Kuchen vierteln, je ein Viertel mit einem Kuchenheber auf einen Teller setzen und mit je 1 Dillzweig dekorieren. Dazu passt ein Salat aus Cocktailtomaten.

Luxusvariante

Statt des Tunfischs können Sie auch **Räucherforelle** oder **-lachs** verwenden. Noch luxuriöser wird die Vorspeise, wenn Sie die Mousse mit **Lachs-** oder **Forellenkaviar** garnieren.

super vorzubereiten Thailändische Fischbällchen

(im Bild hinten)

Für 4 Personen:

1 Ei
4 Scheiben Toastbrot
50 ml ungesüßte Kokosmilch (aus der Dose)
3 Zweige Koriandergrün
200 g aufgetautes TK-Fischfilet
(z. B. Rotbarsch oder Seelachs)
Salz / Pfeffer
4 EL neutrales Pflanzenöl

Pro Person: unter 1 €
Zubereitungszeit: ca. 25 Min.
Pro Portion: ca. 215 kcal

1 Das Ei verquirlen. Das Toastbrot in feine Würfel schneiden und mit der Kokosmilch und dem Ei in einer Schüssel ca. 10 Min. einweichen.

2 Inzwischen den Koriander waschen, trockenschütteln und fein hacken. Das aufgetaute Fischfilet durch den Fleischwolf drehen oder sehr fein hacken. Die Fischmasse mit dem Koriander unter die Brotmischung rühren. Salzen und pfeffern.

3 Das Öl in einer beschichteten Pfanne erhitzen. Aus dem Fischteig tischtennisballgroße Bällchen formen, leicht flach drücken und im heißen Öl von beiden Seiten in jeweils 3–4 Min. goldbraun braten. Auf Küchenpapier abtropfen lassen.

Clever genießen

Die Fischbällchen schmecken **warm und kalt**; dazu passt eine süße Chilisauce aus dem Asienladen oder einfach etwas Sojasauce zum Dippen.

italienischer Klassiker Lebercrostini

(im Bild vorne)

Für 8 Personen:

1 Zwiebel
500 g Geflügelleber
1 TL Butter
50 g Sahne
1 EL trockener Sherry
(z. B. Fino, ersatzweise Aceto Balsamico)
1 Baguette
Olivenöl zum Beträufeln

Pro Person: unter 1,50 €
Zubereitungszeit: ca. 15 Min.
Backzeit: ca. 10 Min.
Pro Portion: ca. 275 kcal

1 Die Zwiebel schälen und fein hacken. Die Leber ebenfalls fein hacken. Die Butter in einer beschichteten Pfanne erhitzen und die Zwiebel darin bei mittlerer Hitze glasig braten. Die Leber dazugeben und unter Rühren ca. 2 Min. mitbraten. Mit der Sahne und dem Sherry ablöschen. Die Pfanne vom Herd nehmen, alles in einen hohen Becher oder Topf umfüllen und mit dem Pürierstab sehr fein pürieren.

2 Das Baguette in ca. 1–2 cm dicke Scheiben schneiden und jede Scheibe mit etwas Olivenöl beträufeln.

3 Den Backofen auf höchste Stufe vorheizen. Die Baguettescheiben mit der Lebercreme bestreichen. Im heißen Backofen (Mitte) in ca. 10 Min. knusprig rösten.

Clever genießen

Ein idealer Imbiss **zum Aperitif** – beispielsweise zu Prosecco oder Sherry.

Klassiker auf neue Art **Exotischer Gurkensalat**

Für 4 Personen:
1 Salatgurke
4 EL süße Chilisauce (Asienladen)
1 EL Weißweinessig
2 EL Sesamöl (ersatzweise Distelöl)
Salz
50 g ungesalzene Erdnusskerne
3 Zweige Koriandergrün

Pro Person: unter 50 Cent
Zubereitungszeit: ca. 15 Min.
Pro Portion: ca. 130 kcal

1 Die Gurke waschen, schälen, längs vierteln und quer in dünne Scheiben schneiden. In eine Schüssel geben.

2 Die Chilisauce, den Weißweinessig und das Öl zu einem Dressing verquirlen und salzen. Das Dressing unter die Gurkenscheiben mischen.

3 Die Erdnüsse grob hacken. Den Koriander waschen, trockenschütteln und fein hacken. Beides unter den Salat mischen.

Klassische Variante

Einfach, preiswert und unübertroffen gut zu Gurkensalat: eine **Dill-Joghurtsauce**. Für 4 Portionen 150 g Naturjoghurt (3,5 %) mit 2 EL Sahne verrühren. 2 EL Weißwein- oder Kräuteressig und 1 EL Sonnenblumenöl dazugeben, mit Salz und Pfeffer würzen. 1 Bund Dill waschen, trockenschütteln, fein hacken und unter die Joghurtsauce rühren. Die Dill-Joghurtsauce unter die Gurkenscheiben mischen.

kalorienarm

Bunter Blattsalat

Für 4 Personen:

500 g bunte Blattsalate (z. B. Kopfsalat, Eichblattsalat, Radicchio, Feldsalat)
250 g Champignons oder Egerlinge
1 Bund Radieschen
4 EL Kürbiskernöl
1 EL Aceto Balsamico
1 TL mittelscharfer Senf
1 Eigelb | Salz | Pfeffer
1 TL Korianderpulver

Pro Person: unter 1 €
Zubereitungszeit: ca. 15 Min.
Pro Portion: ca. 130 kcal

1 Die Salate zerpflücken, putzen, waschen und gründlich trockenschütteln. Die Salatblätter auf vier Tellern anrichten.

2 Die Champignons oder Egerlinge putzen, trocken abreiben und in dünne Scheiben schneiden. Die Radieschen waschen, putzen und ebenfalls in dünne Scheiben schneiden. Pilze und Radieschen auf dem Salat verteilen.

3 Das Kürbiskernöl, den Balsamico, den Senf und das Eigelb zu einem Dressing verrühren, mit Salz, Pfeffer und Koriander abschmecken. Über den Salat träufeln.

Luxusvariante

Für ein knackiges Topping können Sie über den fertigen Salat noch geschälte, gehackte **Walnusskerne** streuen. Statt Kürbiskernöl verwenden Sie dann **Walnussöl.** Für noch mehr Knuspereffekte im Salat sorgen **Pinienkern-Knoblauch-Croûtons**: Für 4 Portionen 1 EL Butter in einer Pfanne zerlassen. 2 Scheiben Toastbrot in Würfeln dazugeben. Wenn das Brot die Butter aufgesogen hat, 2 EL Pinienkerne und 1 durchgepresste Knoblauchzehe dazugeben. So lange umrühren, bis Brot und Nüsse schön gebräunt sind. In der Pfanne etwas abkühlen lassen, über den Salat streuen.

super vorzubereiten

Lauwarmer Linsensalat

(im Bild hinten)

Für 6 Personen:

1 Zwiebel / 1 Knoblauchzehe
1 kleine Möhre
2 EL neutrales Pflanzenöl
300 g kleine, grüne Linsen
600 ml heiße Gemüsebrühe (Instant)
Salz
4–5 EL Aceto Balsamico
1/2 Bund glatte Petersilie
200 g geräucherter Putenschinken in Scheiben

Pro Person: unter 50 Cent
Zubereitungszeit: ca. 35 Min.
Pro Portion: ca. 340 kcal

1 Die Zwiebel und den Knoblauch schälen und fein hacken. Die Möhre putzen, schälen und sehr klein würfeln.

2 Das Öl in einem Topf erhitzen. Die Zwiebel und die Möhre darin ca. 3 Min. anbraten, den Knoblauch dazugeben und kurz mitbraten. Die Linsen dazugeben. Die Gemüsebrühe angießen und einmal aufkochen lassen. Alles zugedeckt bei schwacher Hitze 20–25 Min. köcheln lassen. Mit Salz und Balsamico würzen.

3 Die Petersilie waschen und trockenschütteln, die Blättchen von den Stielen zupfen und fein hacken. Den Schinken in feine Streifen schneiden. Die Linsen noch warm auf sechs Tellern anrichten. Den Salat mit der Petersilie und den Schinkenstreifen bestreuen und servieren.

Tauschbörse

Statt mit grünen schmeckt diese Vorspeise auch mit **roten Linsen** gut: Dann die Kochzeit um 10 Min. reduzieren und die Linsen statt mit Salz und Aceto Balsamico mit etwas **Ingwer** und **Zitronensaft** würzen.

mediterran

Italienischer Brotsalat

(im Bild vorne)

Für 8 Personen:

1 Packung stückige Tomaten (500 g)
500 g altbackenes Brot vom Vortag (z. B. Baguette, Ciabatta, Fladenbrot)
1–2 Zwiebeln
1 Salatgurke
4 EL Aceto Balsamico
100 ml Olivenöl
Salz / Pfeffer
4 Zweige frisches Basilikum

Pro Person: unter 50 Cent
Zubereitungszeit: ca. 15 Min.
Kühlzeit: ca. 1 Std.
Pro Portion: ca. 260 kcal

1 Die Tomatenstücke in ein Sieb abgießen und abtropfen lassen. Das Brot grob in Würfel schneiden. Die Zwiebeln schälen und hacken. Die Gurke waschen, schälen, längs vierteln und die Viertel in Scheiben schneiden. Alles in eine große Schüssel geben und vermischen.

2 Für das Dressing den Balsamico und das Olivenöl mit Salz und Pfeffer verrühren und unter den Salat mischen. Das Basilikum waschen, trockenschütteln, grob hacken und ebenfalls darunter mischen. Den Salat mindestens 1 Std. kühl stellen. Vor dem Servieren noch einmal abschmecken.

aus dem Vorrat **Tomatensuppe mit Gin**

Für 4 Personen:
2 Zwiebeln | 1 Knoblauchzehe
1 EL Olivenöl
1 Packung passierte Tomaten (500 g)
1/2 l Fleischbrühe (Instant) | 3–4 EL Gin
Salz | Pfeffer

Pro Person: unter 50 Cent
Zubereitungszeit: ca. 15 Min.
Pro Portion: ca. 90 kcal

1 Die Zwiebeln und den Knoblauch schälen. Die Zwiebeln fein hacken.

2 Das Olivenöl in einem Topf erhitzen, die Zwiebeln darin glasig braten. Den Knoblauch dazupressen und kurz mitbraten. Die Tomaten hinzufügen und alles im Topf mit dem Pürierstab fein pürieren.

3 Das Tomatenpüree mit der Fleischbrühe aufgießen und alles einmal aufkochen lassen. Die Suppe mit dem Gin, Salz und Pfeffer abschmecken.

Tauschbörse

Dieses Rezept ist nur dann wirklich preiswert, wenn Sie Gin im Haus haben. Ist das nicht der Fall, würzen Sie die Suppe wie beschrieben mit Salz und Pfeffer, nehmen Sie sie vom Herd und rühren Sie eine Mischung aus 2–3 **Eiern** und 30–40 g geriebenem **Parmesan** unter.

Luxusvariante

Für sahnigen Genuss: 100 g **Sahne** steif schlagen und je einen Klecks als Dekoration auf die Suppe geben.

ganz einfach **Avocadosuppe**

Für 6 Personen:
2–3 Zweige Koriandergrün
6 reife Avocados | Saft von 2 Zitronen
1 l Gemüsebrühe (Instant)
200 g Sahne | Salz | Tabasco (nach Belieben)

Pro Person: unter 1,50 €
Zubereitungszeit: ca. 15 Min.
Pro Portion: ca. 365 kcal

1 Den Koriander waschen, trockenschütteln und fein hacken. Die Avocados längs halbieren. Die Kerne entfernen, das Fruchtfleisch mit einem Löffel herauslösen und sofort mit dem Zitronensaft beträufeln.

2 Die Gemüsebrühe in einem Topf erhitzen. Die Avocados dazugeben und im Topf pürieren. Die Sahne untermischen. Nochmals kurz erhitzen, aber nicht kochen lassen. Die Suppe mit Salz und Tabasco abschmecken. Zum Servieren mit dem Koriander bestreuen.

Luxusvariante

Zusammen mit der Sahne 150 g **Shrimps** zur Suppe geben.

Pastavariante

Aus Avocados können Sie mit wenig Aufwand und Geld auch einmal eine fixe **Pastasauce** zubereiten: Für 6 Portionen 1 Bund Frühlingszwiebeln putzen, waschen und in Ringe schneiden. 2 kleine Knoblauchzehen schälen und in Scheiben schneiden. 1–2 frische rote Chilischoten längs halbieren, entkernen und fein würfeln. 3 reife Avocados längs halbieren. Die Kerne entfernen, das Fruchtfleisch mit einem Löffel herauslösen. Mit den Frühlingszwiebeln, dem Knoblauch, den Chilis, 4–5 EL Limettensaft und 1/4 l Gemüsebrühe (Instant) fein pürieren. 1 Bund Koriander waschen, trockenschütteln, fein hacken und unter die Sauce rühren. Mit Salz und Cayennepfeffer würzen und mit »al dente« gegarten kurzen Nudeln (z. B. Fusilli) servieren.

schmeckt auch kalt **Pizza-Sandwich**

(im Bild hinten)

Für 4 Personen:
1/2 Würfel Hefe (20 g)
400 g Mehl (+ etwas Mehl zum Ausrollen)
4 EL Olivenöl / Salz
1 Packung stückige Tomaten (500 g)
je 1 TL getrockneter Majoran und Thymian
Pfeffer
2 Kugeln Mozzarella (à 125 g)
1 Hand voll Basilikumblätter
100 g roher oder gekochter Schinken in Scheiben
Außerdem:
Holzzahnstocher

Pro Person: unter 1,50 €
Zubereitungszeit: ca. 30 Min.
Ruhezeit: ca. 1 Std.
Backzeit: ca. 20 Min.
Pro Portion: ca. 645 kcal

1 Die Hefe mit 120 ml lauwarmem Wasser anrühren. Mit dem Mehl, 2 EL Olivenöl und 1 Prise Salz mischen. Alles mit den Knethaken des Handrührgerätes oder mit den Händen gründlich durchkneten und an einem warmen Ort zugedeckt ca. 1 Std. gehen lassen, bis sich das Teigvolumen etwa verdoppelt hat. Noch mal kräftig durchkneten und auf wenig Mehl dünn ausrollen.

2 Den Backofen auf 225° vorheizen. Ein Backblech mit Backpapier belegen. Den Teig darauf legen und die Tomaten darauf verstreichen. Mit Majoran, Thymian, Salz und Pfeffer würzen und mit dem restlichen Öl beträufeln. Im heißen Ofen (Mitte, Umluft 200°) ca. 20 Min. backen.

3 Inzwischen den Mozzarella abtropfen lassen, klein würfeln und nach ca. 10 Min. Backzeit auf der Pizza verteilen. Die Pizza weiterbacken, bis der Käse anfängt, Bläschen zu werfen.

4 Die Basilikumblätter waschen und trockentupfen. Die Pizza in ca. 10 x 10 cm große Quadrate schneiden. Mit dem Schinken und den Basilikumblättern belegen, diagonal zusammenklappen und jeweils mit einem Zahnstocher feststecken.

Tauschbörse

Zusätzlich können Sie die Pizza mit allem belegen, was Ihnen schmeckt. **Gemüse, Kapern, Oliven** u. Ä. kommen von Anfang an auf die Pizza, **Salami** oder **Meeresfrüchte** gleichzeitig mit dem Mozzarella, frische **Kräuter** oder klein geschnittene **Rucola** erst ganz am Schluss.

aus dem Elsass **Flammkuchen**

(im Bild vorne)

Für 4 Personen:
1/2 Würfel Hefe (20 g)
400 g Mehl (+ etwas Mehl zum Ausrollen)
3 EL Olivenöl / Salz
200 g durchwachsener Räucherspeck
1 Zwiebel / 200 g saure Sahne / Pfeffer

Pro Person: unter 1 €
Zubereitungszeit: ca. 20 Min.
Ruhezeit: ca. 1 Std.
Backzeit: ca. 20 Min.
Pro Portion: ca. 740 kcal

1 Aus den Teigzutaten, wie nebenstehend im Rezept »Pizza-Sandwich« beschrieben, einen Teig herstellen, gehen lassen, nochmals durchkneten und ausrollen. Ein Backblech mit Backpapier belegen. Den Teig darauf legen.

2 Den Backofen auf 225° vorheizen. Den Speck ohne Schwarte klein würfeln. Die Zwiebel schälen, würfeln und in 1 EL Öl bei starker Hitze in 4 Min. goldgelb braten. Speck und saure Sahne unterrühren, salzen und pfeffern. Die Mischung auf dem Teig verteilen. Den Kuchen im heißen Ofen (Mitte, Umluft 200°) ca. 20 Min. backen.

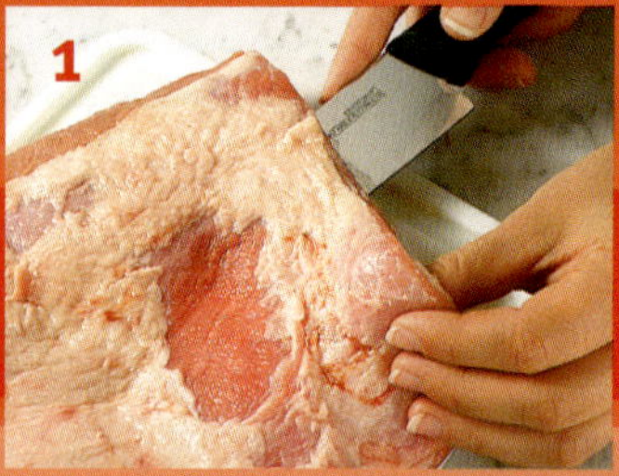
1

2

3

asiatisch Tandoori-Hähnchen

(im Bild vorne)

Für 4 Personen:
600 g Hähnchenbrustfilet
5 EL Tandoori-Paste (aus dem Glas; Asienladen)
150 g Magerjoghurt | 250 g Basmatireis

Pro Person: unter 2 €
Zubereitungszeit: ca. 10 Min.
Marinierzeit: ca. 30 Min.
Backzeit: ca. 30 Min.
Pro Portion: ca. 480 kcal

1 Die Filets kalt abspülen, trockentupfen und in ca. 1 cm dicke Streifen schneiden. Tandoori-Paste und Joghurt verrühren. Das Fleisch in eine feuerfeste Form geben, den Tandoori-Joghurt untermischen und das Fleisch 30 Min. marinieren.

2 Den Backofen auf 200° vorheizen. Das Hähnchenfleisch mit der Marinade im heißen Backofen ca. 30 Min. (Mitte, Umluft 180°) garen. Inzwischen den Reis mit 1 Prise Salz in 500 ml Wasser einmal aufkochen lassen, dann zugedeckt auf der warmen Herdplatte ca. 20 Min. quellen lassen. Zum Hähnchen servieren.

für die große Runde Gefüllte Kalbsbrust

(im Bild hinten)

Für 6 Personen:
1 Bund Suppengrün | 8 EL Olivenöl
2 Scheiben Toastbrot | 1 Ei
Salz | Pfeffer | 1 kg Kalbsbrust ohne Knochen
je 1/2 TL getrockneter Thymian, Majoran und Rosmarin
800 g vorwiegend fest kochende Kartoffeln
1 EL frisch gehackte Rosmarinnadeln
200 ml Weißwein (ersatzweise Fleischbrühe)
Außerdem:
Holzzahnstocher

Pro Person: unter 2 €
Zubereitungszeit: ca. 45 Min.
Backzeit: ca. 1 Std.
Pro Portion: ca. 485 kcal

1 Das Suppengrün waschen, putzen, klein würfeln und in 2 EL Olivenöl bei starker Hitze 4 Min. anbraten. Vom Herd nehmen, etwas abkühlen lassen. Inzwischen das Toastbrot klein würfeln. Das Ei verquirlen. Beides unter das Suppengrün mischen, salzen und pfeffern.

2 In die Kalbsbrust eine »Tasche« schneiden **(Step 1)**, die Gemüsemischung hineinfüllen **(Step 2)**, mit Zahnstochern feststecken. Die Kalbsbrust in 2 EL Olivenöl bei starker Hitze auf beiden Seiten je ca. 3 Min. anbraten **(Step 3)**. Mit Salz und Pfeffer würzen. Vom Herd nehmen. Mit den Kräutern bestreuen.

3 Den Backofen auf 175° vorheizen. Die Kartoffeln gründlich waschen, ungeschält in ca. 1–2 cm große Würfel schneiden. In einen großen Bräter geben, mit dem restlichen Öl vermischen. Den Rosmarin darüber streuen, alles kräftig salzen. Die Kartoffeln an den Rand schieben, die Kalbsbrust dazwischen setzen. Im heißen Backofen (Mitte, Umluft 160°) ca. 1 Std. braten.

4 Das Fleisch in Alufolie wickeln und etwas ruhen lassen. Die Kartoffeln ebenfalls aus dem Bräter nehmen und warm stellen. Den Bräter auf den Herd stellen und den Bratenfond mit dem Wein einmal aufkochen lassen. Die Kalbsbrust in fingerdicke Scheiben schneiden, mit dem Fond und den Kartoffeln servieren.

Clever sparen

Augen auf beim Einkauf! Achten Sie auf aktuelle **Sonderangebote** und stimmen Sie Ihren Speiseplan darauf ab. Vor allem beim Fleischeinkauf lohnt es sich, Preise zu vergleichen. Auch teurere Fleischstücke gibt es immer wieder im Angebot. Hier heißt es zugreifen!

macht was her **Bœuf bourguignon**

Für 4 Personen:
2 Zwiebeln
800 g Rindfleisch aus der Schulter ohne Knochen (ersatzweise Rindergulasch)
1 Knoblauchzehe
1 Möhre
100 g durchwachsener Räucherspeck
1 Zweig frischer Thymian
1 Lorbeerblatt
1 Schalenstreifen von 1 unbehandelten Orangenschale
2 EL Olivenöl
1 EL Mehl
1/2–3/4 l trockener Rotwein (am besten Burgunder; ersatzweise Fleischbrühe)
1 Bund glatte Petersilie
Salz / Pfeffer
Zucker
1 Prise frisch geriebene Muskatnuss
Außerdem:
Küchengarn

Pro Person: unter 2 €
Zubereitungszeit: ca. 30 Min.
Schmorzeit: ca. 3 Std.
Pro Portion: ca. 520 kcal

1 Die Zwiebeln schälen und vierteln. Das Fleisch in ca. 5 cm große Würfel schneiden. Den Knoblauch schälen. Die Möhre putzen, schälen und in grobe Stücke schneiden. Den Speck ohne Schwarte klein würfeln.

2 Den Thymianzweig waschen und trockenschütteln. Thymian, Lorbeerblatt und Orangenschale mit Küchengarn zusammenbinden.

3 Das Olivenöl in einem großen Schmortopf erhitzen, die Zwiebeln darin 3 Min. anbraten und dann herausnehmen. Die Fleischwürfel in den Schmortopf geben und von allen Seiten ca. 8 Min. kräftig anbraten.

4 Das Mehl durch ein Sieb über das Fleisch stäuben und unterrühren. Den Knoblauch dazupressen. Die Zwiebeln, die Möhre, den Speck, 1/2 l Rotwein und den Kräuterbund dazugeben.

5 Zugedeckt ca. 3 Std. bei schwacher Hitze köcheln lassen. Gelegentlich kontrollieren, ob noch genug Flüssigkeit da ist, evtl. etwas Wein nachgießen.

6 Die Petersilie waschen und trockenschütteln, die Blättchen fein hacken. Vor dem Servieren den Kräuterbund entfernen, das Fleisch mit Salz, Pfeffer, Zucker und 1 Prise Muskatnuss würzen und mit der Petersilie bestreuen. Dazu passt Kartoffelpüree.

Clever genießen

Noch mehr Geschmack erhält das Gericht, wenn Sie die Fleischwürfel ca. 4 Std. mit dem Rotwein, dem Kräuterbund, den geviertelten Zwiebeln und der grob gewürfelten Möhre **marinieren.** Dann das Fleisch und die restlichen marinierten Zutaten abtropfen lassen und wie in den Steps 3 und 4 beschrieben weiterverarbeiten. Die Flüssigkeit angießen.

Clever sparen

Auch dieser edle Klassiker ist etwas für Sparfüchse. Nutzen Sie die **Sparangebote** der großen Discounter. Tiefgekühlt in Großpackungen werden auch sonst eher teurere Fleischstücke dort oftmals sensationell günstig angeboten.

kalorienarm Seelachsfilet auf Lauchbett

Für 4 Personen:
2–3 Stangen Lauch (ca. 750 g)
1/2 Bund Schnittlauch | 1 TL Butter
3 EL Crème fraîche | Salz | 1 TL Zitronensaft
4 Zweige frischer Estragon
1 Knoblauchzehe | 1 Lorbeerblatt
4 aufgetaute TK-Seelachsfilets (à 200 g)

Pro Person: unter 1,50 €
Zubereitungszeit: ca. 25 Min.
Pro Portion: ca. 255 kcal

1 Den Lauch putzen, halbieren, quer in Streifen schneiden und waschen. Den Schnittlauch waschen, trockenschütteln und in Röllchen schneiden. Lauch und Schnittlauch zugedeckt ca. 2 Min. in der Butter dünsten. Die Crème fraîche unterrühren. Mit Salz und Zitronensaft würzen und zugedeckt warm halten.

2 Estragon waschen, trockenschütteln und 2 Zweige fein hacken. Knoblauch schälen. 125 ml Wasser in einen Schnellkochtopf geben. Knoblauch, die ganzen Estragonzweige und das Lorbeerblatt dazugeben, einmal aufkochen lassen. Die Fischfilets im Siebeinsatz in den Topf legen. Den Topf verschließen, den Fisch 1–2 Min. bei starker Hitze unter Druck garen. Den Lauch auf vier Teller verteilen. Den Fisch jeweils darauf setzen. Mit dem restlichen Estragon dekorieren.

Variante ohne Schnellkochtopf

Sie benötigen einen **Siebeinsatz,** der in einen gut schließenden Topf passt. In den Topf so viel Wasser füllen, dass der Siebeinsatz das Wasser nicht berührt. Wasser mit Knoblauch, Estragon und Lorbeer zum Kochen bringen. Die Fischfilets im Siebeinsatz bei mittlerer Hitze und geschlossenem Deckel ca. 10 Min. im Dampf garen.

ganz einfach

Zitronenlachs

Für 4 Personen:
500 g aufgetautes TK-Lachsfilet
2 unbehandelte Zitronen
Salz | Pfeffer
1 Bund frisches Basilikum
375 g Crème fraîche
Fett für die Form

Pro Person: unter 2 €
Zubereitungszeit: ca. 20 Min.
Backzeit: ca. 30 Min.
Pro Portion: ca. 610 kcal

1 Das Lachsfilet mit einem scharfen Messer in ca. 1 cm dicke Scheiben schneiden. Die Zitronen heiß waschen, abtrocknen und ebenfalls in dünne Scheiben schneiden.

2 Eine feuerfeste Form fetten. Abwechselnd den Fisch und die Zitronenscheiben in die Form schichten. Jede Lage Fisch dabei salzen und pfeffern. Mit Zitronenscheiben enden.

3 Den Backofen auf 175° vorheizen. Das Basilikum waschen, trockenschütteln und fein hacken. Das Basilikum unter die Crème fraîche rühren und über die letzte Schicht mit Zitronen verteilen.

4 Den Zitronenlachs im heißen Backofen (Mitte, Umluft 160°) ca. 30 Min. backen. Nach Belieben mit frischem Baguette servieren.

1

2

3

schmeckt Kindern

Weiße Schokomousse

(im Bild links)

Für 6 Personen:
2 Blatt weiße Gelatine
350 g Sahne
100 g weiße Kuvertüre
60 g Aprikosenkonfitüre (ersatzweise Orangenmarmelade)
2 Eier
Für das Wasserbad:
2 kleine Töpfe / 1 großer Topf

Pro Person: unter 50 Cent
Zubereitungszeit: ca. 15 Min.
Kühlzeit: ca. 2 Std.
Pro Portion: ca. 330 kcal

1 Die Gelatine in kaltem Wasser einweichen. Die Sahne steif schlagen.

2 Den größeren Topf mit Wasser füllen, einen kleineren Topf hineinsetzen, so dass der kleine Topf vom Wasser umspült wird. Das Wasserbad erhitzen. Die Kuvertüre in den kleinen Topf bröckeln und schmelzen lassen. (Vorsicht: Es darf kein Wasser in die Schokolade gelangen!)

3 Die Gelatine leicht ausdrücken und in einem kleinen Topf bei schwacher Hitze auflösen. Unter die geschmolzene Kuvertüre rühren. Den Topf aus dem Wasserbad nehmen. Die Aprikosenkonfitüre mit einer Gabel unterziehen, gut vermengen.

4 Die Eier in dem zweiten kleinen Topf über dem heißen Wasserbad mit einem Schneebesen aufschlagen. Das Wasser darf nicht kochen, sonst gerinnt das Eigelb! Bei schwacher Hitze kräftig rühren, bis die Eiercreme anfängt, dicklich zu werden **(Step 1)**. Vom Herd nehmen, die Aprikosen-Schokoladenkuvertüre unterrühren **(Step 2)**. Die Sahne vorsichtig unterheben **(Step 3)**. Mindestens 2 Std. kalt stellen.

5 Zum Servieren einen großen Löffel in heißes Wasser tauchen und damit 12 Nocken abstechen. Je 2 Nocken auf einem Teller anrichten.

Luxusvariante

2 TL braunen Zucker mit 5–6 EL Limettensaft zu einem Sirup kochen. Mit frischen klein geschnittenen **Früchten** (z. B. Erdbeeren, Bananen oder Äpfeln) mischen und zur Mousse servieren.

aus dem Vorrat

Schokoladennäpfchen

(im Bild rechts)

Für 4 Personen:
150 g dunkle Kuvertüre / 3 Eier / 100 g Sahne
1 EL Likör (z. B. Mandel- oder Orangenlikör)
Für das Wasserbad:
2 ineinander passende Töpfe

Pro Person: unter 50 Cent
Zubereitungszeit: ca. 30 Min.
Kühlzeit: ca. 1 Std. 30 Min.
Pro Portion: ca. 345 kcal

1 Den größeren Topf mit Wasser füllen, den kleineren Topf hineinsetzen, so dass der kleine Topf vom Wasser umspült wird. Das Wasserbad erhitzen. Die Kuvertüre in den kleinen Topf bröckeln und schmelzen lassen. (Vorsicht: Es darf auf keinen Fall Wasser in die Schokolade gelangen!)

2 Die Eier trennen und die Eigelbe verquirlen. Die Eiweiße zu steifem Schnee schlagen. Die Sahne ebenfalls steif schlagen. Wenn die Kuvertüre geschmolzen ist, den Topf vom Herd nehmen. Die Eigelbe mit einem Schneebesen unter die noch warme Schokolade rühren. Erst die Sahne unterheben, dann den Eischnee einrühren. Zum Schluss den Likör unterrühren.

3 Die Creme in vier Schüsseln füllen, im Kühlschrank in ca. 1 Std. 30 Min. fest werden lassen.

ganz einfach Himbeersorbet

Für 4 Personen:
120 g Zucker
300 g angetaute TK-Himbeeren
Saft von 1 Zitrone
1 EL Himbeergeist (nach Belieben)
Außerdem:
4 Cocktailgläser

Pro Person: unter 1 €
Zubereitungszeit: ca. 15 Min.
Zeit zum Gefrieren: ca. 4 Std.
Pro Portion: ca. 160 kcal

1 Den Zucker mit 150 ml Wasser in einem Topf erhitzen. Dabei immer wieder umrühren, bis sich der Zucker gelöst hat. Die Zuckerlösung einmal aufkochen und ca. 3 Min. köcheln lassen. Den Topf vom Herd nehmen und den Sirup etwas abkühlen lassen.

2 Die angetauten Himbeeren pürieren. Den Zuckersirup, den Zitronensaft und nach Belieben 1 EL Himbeergeist unterrühren.

3 Die Creme in eine Metallschüssel füllen und im Tiefkühlfach mindestens 4 Std. gefrieren lassen. Dabei mit einer großen Gabel immer wieder vom Rand aus kräftig durchrühren. In Cocktailgläsern servieren.

Stylingtipp

Damit sich der Wow-Effekt auch optisch einstellt: 4 **Zitronenscheiben** jeweils bis zur Mitte einschneiden und an den Glasrand stecken. Oder die Gläser mit einem **Zuckerrand** versehen: Die Glasränder in 1 Zitronenviertel drehen und in einen mit Zucker gefüllten Teller tupfen. Den überschüssigen Zucker durch leichtes Klopfen am Glas entfernen.

Klassiker aus Italien **Panna Cotta**

Für 4 Personen:
4 Blatt weiße Gelatine
500 g Sahne / 50 g Zucker
1 Päckchen Vanillezucker

Pro Person: unter 50 Cent
Zubereitungszeit: ca. 10 Min.
Kühlzeit: ca. 4 Std.
Pro Portion: ca. 455 kcal

1 Die Gelatine in kaltem Wasser einweichen. Die Sahne mit dem Zucker einmal aufkochen lassen, vom Herd nehmen. Die Gelatine ausdrücken und mit einem Schneebesen in die Sahne rühren, bis sie sich gelöst hat.

2 Den Vanillezucker unterrühren. Die Flüssigkeit auf vier Tassen oder Förmchen verteilen und im Kühlschrank in mindestens 4 Std. fest werden lassen.

Asia-Variante

Für ein fernöstliches Geschmackserlebnis bereiten Sie die Panna Cotta mit **Zitronengras** zu: Für 4 Portionen 2 Stängel Zitronengras waschen und faserig klopfen. Die Sahne und den Zucker mit dem Zitronengras einmal aufkochen und dann 15 Min. köcheln lassen. Das Zitronengras entfernen und weiterverfahren wie im Rezept beschrieben.

Stylingtipp

Gestürzt und auf einem **Spiegel aus Fruchtpüree** (z. B. Himbeerpüree) serviert macht sich die Panna Cotta ganz besonders fein: Jeweils etwas Fruchtpüree auf einem Teller verstreichen. Die Panna Cotta mit einem Messer vorsichtig vom Rand des Förmchens lösen, das Förmchen bis zum Rand kurz in heißes Wasser tauchen, dann die Panna Cotta auf den vorbereiteten Teller stürzen.

Register Rezepte und Hauptzutaten

GU EINFACH CLEVER

Aktuelle Themen zu super Preisen

ISBN 3-7742-5624-1

ISBN 3-7742-2013-1

ISBN 3-7742-5727-2

ISBN 3-7742-5728-0

ISBN 3-7742-5953-4

ISBN 3-7742-6163-6

128 Seiten, 9,90 € [D]

Warum die Hardcoverreihe ist, wie sie heißt:

- *rund 100 Rezepte zum Minipreis*
- *Zutaten-Tauschbörsen und Blitz- und Luxusvarianten für flexibles Kochen*
- *viele bebilderte Info-Baukästen mit allem Wissenswerten rund ums Thema*

Gutgemacht. Gutgelaunt.

Impressum

Die Autorin

Katarina Schickling war viele Jahren leitende Redakteurin beim Fernsehen. Seit der Geburt ihres Sohnes arbeitet sie als freie Autorin bei verschiedenen Fernsehsendern; außerdem ist sie an Journalistenschulen in ganz Deutschland als Trainerin für den journalistischen Nachwuchs tätig. Ihr großes Organisationstalent und ihre noch größere Leidenschaft fürs Kochen ermöglichen es ihr, neben Familie und Beruf Rezepte zu kreieren, die einfach und raffiniert – aber auch und vor allem für den kleinen Geldbeutel gedacht sind.

Der Fotograf

Michael Brauner arbeitete nach Abschluss der Fotoschule in Berlin als Fotoassistent bei namhaften Fotografen in Frankreich und Deutschland und machte sich 1984 selbstständig. Sein individueller, atmosphärenreicher Stil wird überall geschätzt: in der Werbung ebenso wie in vielen bekannten Verlagen. In seinem Karlsruher Studio setzt er Rezepte zahlreicher GU-Titel stimmungsvoll ins Bild.

Danke!

Ein besonderes Dankeschön geht an die Firma **Silit** für die Bereitstellung der Küchenutensilien auf den Seiten 5, 7, 14, 37 und 68.

Bildnachweis

Titelbild: Jörn Rynio; alle anderen: Michael Brauner

Programmleitung: Doris Birk

Leitende Redakteurin: Birgit Rademacker

Konzept, Text und Redaktion: Alessandra Redies

Lektorat: Saskia Nickles

Korrektorat: Beate Schlachter

Layout »Einfach clever«, Typographie und Umschlaggestaltung: Thomas Jankovic, GF von engels verlagsbüro in München, Gestalter erfolgreicher Buchserien mit besonderem Gusto auf alles, was Genießern Spaß macht – wie dieses Koch-Spar-Buch

Satz: Knipping Werbung GmbH, München

Herstellung: Petra Roth

Reproduktion: Penta Repro, München

Druck und Bindung: Kaufmann, Lahr

ISBN 3-7742-6162-8

Auflage	5.	4.	3.	2.	1.
Jahr	2008	07	06	05	04

GRÄFE UND UNZER

Ein Unternehmen der
GANSKE VERLAGSGRUPPE

Das Original mit Garantie

Ihre Meinung ist uns wichtig. Deshalb möchten wir Ihre Kritik, gerne aber auch Ihr Lob erfahren, um als führender Ratgeberverlag für Sie noch besser zu werden.
Darum: Schreiben Sie uns! Wir freuen uns auf Ihre Post und wünschen Ihnen viel Spaß mit Ihrem GU-Ratgeber.

Unsere Garantie: Sollte ein GU-Ratgeber einmal einen Fehler enthalten, schicken Sie uns bitte das Buch mit einem kleinen Hinweis und der Quittung innerhalb von sechs Monaten nach dem Kauf zurück. Wir tauschen Ihnen den GU-Ratgeber gegen einen anderen zum gleichen oder einem ähnlichen Thema um.

Ihr GRÄFE UND UNZER VERLAG
Redaktion Kochen
Postfach 86 03 25
81630 München
Fax: 089/41981-113
e-mail: leserservice@graefe-und-unzer.de